Lutz Meier

Überforderung durch Technik und die psychischen Folgen

Lutz Meier

Überforderung durch Technik und die psychischen Folgen

Umschlagabbildung: © stock.adobe.com

ISBN 978-3-7329-1058-8
ISBN E-Book 978-3-7329-8868-6

Herstellung durch Frank & Timme GmbH,
Wittelsbacherstraße 27a, 10707 Berlin.
Printed in Germany.
Gedruckt auf säurefreiem, alterungsbeständigem Papier.

www.frank-timme.de

Inhaltsverzeichnis

II GESELLSCHAFT UND DEPRESSIVE ÜBERFORDERUNG – WORAN DIE ÜBERFORDERTE SEELE KRANKT

Einführung

In unserer modernen Welt sind wir von Technologie umgeben. Sie durchdringt unser tägliches Leben und beeinflusst nahezu jeden Aspekt unserer Existenz. Ob es sich um die Gadgets in unseren Taschen, die Automatisierung von Arbeitsplätzen oder die allgegenwärtige Vernetzung handelt – Technologie erleichtert zweifellos viele Tätigkeiten. Doch zugleich wird immer deutlicher, dass wir auch mit einer überwältigenden Überforderung durch Technik konfrontiert sind. Diese Überforderung wirft fundamentale philosophische und soziologische Fragen auf, die wir nicht mehr ignorieren können.

Mensch und Technik, so könnte man die Hauptthese der folgenden Zeilen umreißen, sind keine Dioskuren. Freilich gilt: Vieles von den alltäglichen, mit Technik in Zusammenhang stehenden Verrichtungen bleibt „unsichtbar", bildet also kein Problem für den Menschen. Der Mensch verschmilzt mit der Handhabung der Dinge und somit der technischen Artefakte, die er alltäglich gebraucht. Sie umgeben uns, ohne weiter groß aufzufallen, sind „zuhanden", wie Martin Heidegger sagte, sind „Zeug", das wir wie selbstverständlich bei unseren Besorgungen und Verrichtungen nutzen, weil es sich unserer Handhabung ohne Nachdenken erschließt. Dabei ist das, was Technik ist, relativ und historisch variant. Wer würde in unserer fortgeschrittenen westlich-zivilisierten Lebensweise schon ein Bett oder einen Stuhl als „Technik" bezeichnen wollen? Das Neue einer technischen Errungenschaft blitzt kurzzeitig auf, wird für Momente sichtbar und irritiert, bevor es in den kulturellen Bestand des Alltags (der Arbeit, der Freizeit und des Wohnens) und somit in die Zivilisation eingeht. Ist Technik geläufig geworden, bleibt ihr Charakter im täglichen Umgang mit ihr zunächst und zumeist unsichtbar. Wo sie auffällt, wo Technik unsere alltäglichen Handlungsabläufe, mit Heidegger zu reden „stört", da sollen unsere Überlegungen einsetzen.

Auch wenn wir im täglichen Umgang nur marginale Probleme mit der Technik haben, so sendet sie doch oft genug enorme Störfeuer aus, insbesondere bei relativ jungen Technologien, da diese noch nicht „unsichtbar" und nicht vollends in den kulturellen Bestand eingegangen sind. Einer dieser Neulinge ist die Informations-Technologie (IT) und das mit ihr verbundene Wissen, aus dem die sogenannte Digitalisierung hervorgeht. Hier stört und hakt es enorm, und zwar mehr, als wir uns eingestehen mögen. Wir sind hier stärker überfordert, als dass wir immer auf der Höhe der Zeit mitsurfen könnten. Vorwiegend ältere und alte Menschen erleben sich als abgehängt, aber nicht nur diese Gruppen von *Digital Immigrants* und *Silver Surfers,* sondern wir alle, die wir uns täglich durch komplexe Programme im World Wide Web kämpfen, einen Information Overload beim Versuch erfahren, etwas im Internet reibungslos einzukaufen, wir, denen das Handy auf wundersame Weise den Klingelton auf stumm geschaltet hat oder die schon mal daran gescheitert sind, einen Impftermin online zu vereinbaren. Neben dieser mentalen „Überforderung" sind wir aber auch körperlich und implizit-seelisch von Technik überfordert, denn sie „nagt" an uns, auch unbewusst und selbst da, wo eine scheinbare Verschmelzung des Menschen mit der Technik stattfindet: In der Fabrik oder in einem Start-up-Unternehmen, am Fließband, in der Schaltzentrale oder im hippen Büro absorbiert die Technik unseren Geist, saugt an der Konzentration, lässt uns selbst vergessen und wirkt sich so explizit und implizit negativ auf die Seele aus. Nicht minder ist der Körper betroffen: Das lange Sitzen am Computer greift die Augen sowie den Halteapparat an und macht, überhaupt wie jegliche Einseitigkeit, die dem Körper aufgebürdet wird, den Menschen kaputt. Und obwohl in der modernen Welt Arbeitsschutzmaßnahmen vielerorts Gesetz sind, bleiben doch in der Industrie Lärm, Chemikalien, Gestank und Schufterei weiterhin „Zutaten", die in einer Fabrik den Menschen auf Dauer seelisch belasten und körperlich krank machen können.

Eine weitere These lautet: Die moderne Technik und ihre reibungslose Funktionalität verschleiern die tatsächliche Verfasstheit des Homo sapiens als Instinktwesen. Ihre „Perfektion" täuscht über die tatsächliche „Schwachheit", „Verletzbarkeit" und animalische Fundierung des Homo digitalis hinweg. Außerdem wird das Ordnungsprinzip verhüllt und verharmlost, in das sich der Mensch der Spätmoderne noch immer fügen muss: das Getriebe der modern-kapitalistischen Welt. Die smarte, für alle verfügbare digitale Praxis eröffnet einen „coolen" Handlungsspielraum, der einen die alltägliche Entfremdung im kapitalistischen System besser ertragen lässt. Anders gesagt: Wer sich mit dem Handy die Zeit vertreibt, der muckt nicht auf.

Geschichte und Gegenwart sind immer auch eine Konstruktion des Autor-Ichs. Die „Lebenswelt" in Hinblick auf Natur, Wach-Schlaf-Rhythmus und die Erfahrung von „Welt" hat sich, bis auf die Tatsache, dass Computer, Automaten und Maschinen heute im Lebensalltag integriert sind (aber dort nicht weiter auffallen), zu der Lebenswelt, in der etwa das Leben von Intellektuellen im Jena des ausgehenden 18. Jahrhunderts sich abspielte, kaum verändert. Man schrieb, dichtete, übersetzte, erforschte die Natur. Nur die Mobilität, der Lärmpegel, die soziale Distanz und moderner Stress machen einen

Unterschied aus. Aber solange man nicht krank oder arm war, schaute man mit den gleichen Augen auf die Natur und diskutierte miteinander und romantisierte über Gott und die Welt. Den Hauptunterschied bilden die Technik und der Stand der Naturwissenschaft.

Auch auf der Zeitebene wirkt sich diese Herrschaft der Technik aus. Man erreicht theoretisch durch die moderne Technik ein „Mehr" an Zeitersparnis, sodass mehr Zeit für die Arbeit übrig bleiben müsste, wie auch für einen Shoppingtag in der „freien Zeit". Doch so verhält es sich nicht. Vielmehr ist es nach Hartmut Rosa so, dass wir, je mehr Zeitersparnisse wir quasi erzielen und qua Technik tatsächlich erreichen, desto weniger Zeit paradoxerweise bleibt, da wir die frei werdenden Ressourcen in noch mehr Kontakte und Aktivitäten investieren. Je schneller sich das Hamsterrad der Zeit dreht, desto schneller müssen wir uns darin bewegen und umgekehrt. Wir haben immer weniger Zeit, da wir in die zur Verfügung stehende Sequenz immer mehr Handlungen stopfen (müssen), auch da die Welt uns heute nach Peter Gross immer mehr Möglichkeiten eröffnet, als wir realisieren können.

Man kann nun zwischen einer technischen Überforderung (I) und einer ausschließlich depressiven Überforderung im Sinne einer Erschöpfung differenzieren (II 1), wenngleich auch die depressive Erschöpfung technisch mitverursacht ist (siehe II 6).

Der folgende Essay widmet sich zunächst der Beobachtung von Technik im Alltag und der Reflexion darüber mit einem thematischen Schwerpunkt auf der Digitalisierung (I). Erst dann wendet er sich dem Problem der Pathologie in der Gesellschaft der Spätmoderne zu (II), wobei die Technik hier ein Bindeglied zwischen beiden Teilen sein wird.

Die Künstliche Intelligenz (KI) und die Robotik spielen, weil sie den Alltag noch nicht im vollen Maße beherrschen (Stand Frühjahr 2024), in den folgenden Zeilen eine untergeordnete Rolle. Wir haben den Drops der Digitalisierung noch nicht gelutscht, schon müssen wir uns auf weitere Innovationen (vierte industrielle Revolution) einstellen. Ich verstehe mich als Zeitzeuge tiefgreifender Entwicklungen, als Chronist des technischen Lebensalltags und trete somit weder in die Spuren einer Apokalyptik noch einer naiven Affirmation. Die Gegenwart zu deuten und zu begreifen, ist an dieser Stelle meine Intention.

Die Diskussion um die digitale Entgiftung der Gesellschaft („digital detox") ist eingespannt in einen Dualismus von totaler Ablehnung und teilweise optimistischer bis fatalistischer Bejahung. Dieses Buch ist ein Versuch in Phänomenologie, also in dem Verstehen, wie die Dinge zunächst einmal gegeben sind. Wir sind gar nicht so smart und glücklich, wie unsere Smartphones (nomen est omen) es suggerieren. Das Smartphone ist ein großes Ablenkungsmanöver und ein Medium oder Tool, das mehr verspricht, als es einzuhalten vermag. Auf der Basis des Verstehens können dann erst Konsequenzen abgeleitet werden, wobei die Geschichte der Technik gezeigt hat, dass der Fortschritt wie ein „fliehendes Pferd" kaum aufzuhalten ist.

Im Folgenden werde ich als Referenztheorie neben u. a. Heidegger und dem theoretischen Problem der „Coolness", zu dem ich selbst arbeite, auf die Ausführungen zum Thema Evolution, wie sie von Carel van Schaik und Kai Michel in dem Buch „Mensch sein. Von der Evolution für die Zukunft lernen" dargestellt werden, berufen. Die Autoren unterscheiden drei unterschiedliche Seinsbereiche der Natur, die gleichursprünglich im Menschen zu Wort kommen: den Bereich der Natur, den der Kultur und den der Vernunft. Die Natur ist unsere evolutionsbiologisch älteste Seite. Sie umfasst ungefähr den Zeitraum, den die Menschheit als umherziehende Jäger und Sammler durchlebte. Die Kultur beginnt mit der Sesshaftwerdung des Menschen, mit der laut van Schaik und Michel die heutigen Probleme erst anfangen. Das Dasein als Bauer wird mühsam, Krankheiten stellen sich ein und, da Besitz angehäuft wird, kommt es zu kriegerischen Auseinandersetzungen zwischen den nun auf verschiedene Territorien verteilten Menschen. Auf der gleichen Ebene wie die Kultur ist die Vernunft als Sinnbereich anzusiedeln, wenn der Mensch eine Maxime befolgt oder aus sonstigen Vernunftgründen handelt. In der Moderne, die von den Autoren als „Ausnahmezustand“ verstanden wird, geraten die Seinsbereiche in einem Menschen jeweils miteinander in Konflikt. Nach der „Natur“ des Menschen war der Mensch eher kooperativ, lebte in größeren Gruppenverbänden (und nicht allein) und kannte keinen Besitz, während mit dem Ackerbau Eigentum, Hierarchien, Herrschaft und territoriale Kriege Einzug hielten. Heute gehen demnach viele seelische Störungen zurück auf den Konflikt des noch genetisch in uns schlummernden Naturbereichs mit der Ebene der Kultur. Der Urmensch ist mit der technischen Umwelt, in der er lebt, überfordert. Er sehnt sich nach kooperativer Gemeinschaft, ursprünglicher Spiritualität und natürlicher Partnerschaft. Die „Naturnatur“ konfligiert mit der „Naturkultur“, wobei letztere, also der Bereich der Zivilisation, dazu neigt, uns zu überfordern.

Überforderung scheint auch ein kontemporäres, allgemeines Phänomen und Stichwort zu sein. Die Menschen sind, so könnte man resümierend festhalten, in der Spätmoderne zunehmend überfordert, da sich die Krisen anscheinend häufen, sei es der Ukrainekrieg, eine sich abzeichnende Klimakatastrophe, ein Gewaltausbruch oder der Krieg im Nahen Osten mit den entsprechenden marktwirtschaftlich-gesellschaftlichen und humanitären Verwerfungen. Die Menschen reagieren darauf mit einer Flucht ins Irrationale populistischer Ideen. Das Gespenst der Angst vor einem Wohlstandsverlust und einer durch grüne Politik hervorgerufenen „Deindustrialisierung" geht um. Durch eine Entscheidung per Wahlzettel will man die bösen Geister vertreiben. Doch die schnell herbeigerufene Feuerwehr wirkt selbst wie ein Brandbeschleuniger auf das Feuer, das sich vor unser aller zum Teil ratlosen, zum Teil verwundert-belustigten Augen abspielt. Der Mensch reagiert mit naturhafter Vereinfachung auf die Erfahrung von Komplexität der „Naturkultur". Auch die ständige Belästigung durch Medien, sei es als unentwegte Smartphoneberieselung oder durch Fernsehnachrichten, nagen an den Menschen, erschöpfen sie und radikalisieren sie gar.

Die Technikphilosophie, um die es hier ebenfalls gehen soll, hat eine noch recht junge Tradition. Sie umfasst die philosophischen Schwerpunkte Futurologie (Lem), Ethik (Joas, Lübbe, Meyer-Abich), Ingenieurwissenschaften (Engelmeyer), Kulturkritik (Gasset, Freyer, Marcuse), Metaphysik (Berdjajew, Bloch, Dessauer, Heidegger, Jaspers, Scheler), Sozialphilosophie (Habermas, Marx) sowie Systemtheorie (Luhmann). Hinzu kommen die Bereiche Technik und Kunst (Mumford) und Technik und Arbeit (Jünger), womit noch längst nicht alle möglichen Kategorien aufgeführt sind. In diesem Essay werden vorwiegend Martin Heidegger, Niklas Luhmann, Ernst Jünger, Herbert Marcuse und Karl Marx zurate gezogen.

Ein Thema der Technikphilosophie ist die „Überforderung durch Technik". Hiermit haben sich implizit und explizit so verschiedene Philosophen wie Friedrich Nietzsche, Albert Borgmann, Jacques Ellul oder auch Hannah Arendt und Marshall McLuhan auseinandergesetzt. Daneben sind als zeitgenössische Zeugen einer „Überforderung durch Technik" zu erwähnen: Jean Baudrillard, Byung-Chul Han, Jonathan Haidt, Don Ihde und Deborah Lupton, wobei bei den beiden Letztgenannten eher von Soziologen denn von Philosophen die Rede sein kann.

Auch die Soziologie ist ein Feld, auf dem die Digitalisierung Spuren hinterlassen hat. Schon die soziologischen Klassiker der Geburtsstunde der Disziplin im 19. Jahrhundert, insbesondere Auguste Comte, Max Weber und Thorstein Veblen befassten sich in ihren Werken bisweilen durchaus auch positiv mit der Beziehung von Mensch und Technik und den Auswirkungen der Technik auf die Gesellschaft.

Für das 20. Jahrhundert ist stellvertretend für viele William F. Ogburn zu nennen, der eine Ungleichzeitigkeit von technischer Faktizität und einer sich langsamer entwickelnden materiellen Kultur konstatierte, die durch soziale Probleme und Desorganisation gekennzeichnet sei. Im 20. Jahrhundert etablierten sich die STS (Science and Technology Studies). Hier wurde die Frage der Politik von Artefakten, wie ein Atomkraftwerk sie verkörpert, gestellt, Technik als soziale Kompensation betrachtet oder etwa ganz im Sinne der neueren Kulturwissenschaften Technik als „Text" begriffen oder die ästhetische Seite der Technik ins Zentrum der wissenschaftlichen Betrachtung gerückt.

Laut Neil Selwyns Einteilung gibt es digitale Soziologen, die unter einem anderen Label veröffentlichten. Themen waren hier u. a. Feminismus, die „Informationsgesellschaft" (Manuel Castells) oder Daniel Bells Ausführungen zum „postindustriellen Zeitalter".

Weiterhin sind die Internet Studies als implizite digitale Soziologie zu nennen. Seit den frühen 1990er-Jahren haben diese Soziologen und Wissenschaftler diverser Disziplinen vereint. Als „Vertreter" der Internet Studies kann man stellvertretend für viele Barry Wellman, Sherry Turkle und Howard Rheingold erwähnen.

Im folgenden Essay soll also zunächst in einer Suchbewegung das Verhältnis von Technik und Überforderung soziologisch und philosophisch schlaglichtartig beleuchtet werden. Erst dann gehe ich, in einem kompakten zweiten Theorieteil, der Frage nach, warum die Zahl psychischer Erkrankungen zugenommen haben mag, wobei technische Überforderung nur *einen*, wenngleich wichtigen, Bestandteil der Argumentation ausmacht.

Ein besonderer Schwerpunkt soll im Teil II auf die Zeit und das heutige Zeitempfinden (Chronotopos) als oftmals unspezifischen und latent bleibenden depressiven „Trigger" gelegt werden. Die heutige Zeiterfahrung selbst ist es, die uns u. a. seelisch krank macht. Der Essay ist als Weltbetrachtung an der Ästhetik Karl Heinz Bohrers orientiert und versteht sich als ein Beitrag zur historischen Metaphernforschung.

I

ÜBERFORDERUNG DURCH TECHNIK

1 Einleitung

Ganz allgemein sind wir von der Technik nicht nur erschöpft und ausgebrannt, sondern das technikgeprägte moderne Dasein ist durch ein Überforderungsgefühl gekennzeichnet. Die folgenden Ausführungen sollen dieses Phänomen nun zum Thema machen und die konkreten Erfahrungen, die ein normalintelligenter Mensch, der von Heidegger als Analysekategorie des „durchschnittlichen Daseins" eingeführt wurde, in den modernen Lebenswelten unweigerlich durchlebt, dokumentieren.

2 Rezeptwissen

Der überwiegende Teil unseres technischen Wissens ist mit den Wissenssoziologen Berger/Luckmann gesprochen „Rezeptwissen", also nur ungefähres und gewohnheitsmäßiges Wissen. Man weiß zum Beispiel, was ein USB-Anschluss ist, nicht aber unbedingt, wofür die Abkürzung steht und schon gar nicht, wie er bis ins letzte technische Detail hinein exakt funktioniert. So weiß kaum jemand der „smarten" Smartphone-App-User, wie ein Computer überhaupt genau intern funktioniert und wie man ihn ohne Betriebssystem bedient. Man kennt nur ungefähre, ausgetretene Betriebssystempfade, auf denen man sich habituell bewegt. Man ist aber komplett aufgeschmissen, wenn das Gewohnheits- oder Rezeptwissen nicht mehr greift und man vor einem unbekannten Pfad stehen bleibt. Wie ein

Blinder kennen wir nur den vertrauten Weg. Wie ein gerade zugezogener Großstadtbewohner bewegen wir uns in einem bestimmten Stadtviertel und verlieren die Orientierung, wenn wir ein paar Straßenecken weiter von diesem abweichen. Da hilft dann nur Google Maps.

Je häufiger wir uns in unserem Stadtteil bewegen, desto vertrauter wird uns diese räumliche Umgebung. Übertragen auf unser Computertechnikwissen leben wir also vorwiegend in den bekannten Räumen und fahren die bekannten Strecken mit der U-Bahn ab, die unseren Arbeits- und unseren Privatraum einer Stadt umschließen. Doch wissen wir nur rudimentär, wie sie entstanden ist und was jenseits des Bekannten liegt, wobei sich das Wissen um die Stadt für den Zugezogenen stets erweitern mag. Im Prinzip ist das eine urtypische, archaische Erfahrung des Menschseins: Wissen ist begrenzt. Wir wissen auf der Erde viel, doch wir wissen nichts über „die Stellung des Menschen im Kosmos“ (Max Scheler), ob etwas vor dem Urknall war und wenn ja, was. In technischer Hinsicht ist ein Rezeptwissen auch gar nichts Schlimmes oder Verwerfliches. Wir kommen meistens auch so durch und wenn nicht, fragen wir unser aller „Google“ nach Rat und erhalten Orientierung. So wie wir auch ohne metaphysische Antwort auf die Frage nach dem Ende und Anfang des Weltalls und seiner Bedeutung für uns Menschen auskommen müssen und können, so kommen wir mit unserem Halbtechnikrezeptwissen aus. Die technische Unbedarftheit ist dabei sogar weit weniger tragisch und schmerzhaft als die metaphysische Ungewissheit.

3 Die Tücken des digitalen Alltags

Es gibt kaum noch PC-Zubehör, also Hardware wie Drucker, Tastatur oder Mouse etc., die *nicht* über einen USB-Anschluss angeschlossen werden. Mein damals gar nicht mal alter Vorgänger-Desktop-PC hatte aber insgesamt nur drei. Also musste ich mir eine Steckererweiterung kaufen, sodass der PC nun über acht zusätzliche Anschlüsse verfügte. Das Ganze war aber eine fragile Angelegenheit. Wenn man zufällig die Kabelverbindung der Adapter-Buchse touchierte, ließ seltsamerweise der PC das Virensuchprogramm für die Dateien auf meinem USB-Stick durchlaufen. Wenn ich dann den PC wieder angestellt hatte und hochfahren wollte, musste ich immer darauf achten, dass die vorher gekappte Verbindung vom PC zur Adaptererweiterung nicht *zu früh* hergestellt wurde. Wenn ich die Verbindung generierte, *bevor* der PC vollends hochgefahren war, konnte es sein, dass dann kein Mouse-Betrieb zur Verfügung stand. Wenn ich die Adapterverbindung hergestellt hatte, bevor der PC hochgefahren war und der Cursorpfeil nicht bewegt werden konnte, musste ich den PC noch einmal starten. Schnell und zuverlässig und vor allen Dingen nachvollziehbarlogisch ist etwas anderes. Und fragt man einen IT-Spezialisten, sagt er achselzuckend: „Ist eben Technik!"

Ein anderer Fall: Unser Fernsehbild stockte manchmal; stakkatohaft versuchte sich die Stimme der Nachrichtensprecherin durch die Störung zu kämpfen. Der Fernseher, der übers Internet, genauer Magenta TV läuft, war erneut außer Funktion. Ein Totalausfall oder Freeze kündigte sich so schon Tage zuvor an. Immer wieder hielt das Bild an und/oder der Ton blieb weg, egal, was man schaute. In den 70er-Jahren war der Fernseher trotz Zimmerantenne dagegen ein Ausbund an Zuverlässigkeit. Wir hatten schon dreimal „Besuch“ vom Techniker der Telekom. Hatten wir ein zu geringes Datenvolumen? Musste der Router ausgetauscht werden? Lag es an den Kabeln? Das wurde alles geprüft und repariert und dennoch lief der Fernseher über Magenta-TV nur dann wieder einwandfrei, wenn man bisweilen sämtliche Stecker zog und den Router ausschaltete und anschließend alles wieder hochgefahren hatte. Warum das so war, das konnte dir der Techniker auch nicht sagen. Vage nuschelte er etwas von Werkeinstellungen, auf die das ganze System so zurückgesetzt würde. Durch einen Reset lief dann Magenta immer wieder für eine gewisse Zeit. Die Frage war nur, warum nach einer gewissen Zeit wieder *nicht* mehr. Und so kam es bei uns also zur Anwendung einer Holzhammermethode. Ähnlich wie bei der Elektrokrampftherapie bei schwer depressiv Kranken: Man weiß nur, *dass* es gut wirkt und man weiß am ehesten noch *wie*. Aber die Nachhaltigkeit dieser Methode ist nicht gegeben: Die Depression kann zurückkehren, so wie die Bildstörung auch nach der Holzhammermethode persistierend wiederkehrt. Im vierten Kontakt mit der Telekom wurde der Strom-Adapter schließlich als Malus ausgemacht. Mit einem WLAN-Enhancer würde die Übertragung einwandfrei funktionieren, da unser Datenvolumen inzwischen zu groß für einen Stromadapter sei, was sich schließlich auch bewahrheitete. Der Fernseher läuft nun tatsächlich störungsfrei. Mal sehen, wie lange. Das Faktum bleibt aber bestehen: Jahrelang hat man uns mit einer Holzhammermethode vertröstet. Nach insgesamt fünf Jahren sehen wir nun zum ersten Mal ohne Störung in die „Röhre“.

4 Festplatte defekt oder die Fragilität des technischen Daseins

Wehe, man sorgt nicht für ein Back-up, in meinem Fall auf einem USB-Stick. Neulich hat sich bei mir tatsächlich die Festplatte „zerlegt". Es gab einen ungesunden Ton beim Hochfahren und von da an ging gar nicht mehr viel. War nur das Windows-Programm abgestürzt? Nein, durch das Geräusch unterstützt, bot sich mir ein anderes Bild. Dennoch musste ich, bevor ich den PC zur Reparatur einschicken konnte, um zu beweisen, dass hier kein Softwarefehler vorlag, erst noch einmal versuchen, das Betriebssystem neu zu laden. Ich hatte damals noch kein Smartphone und die Fotofunktion meines alten Handys war gestört, sodass ich den „Beweis", dass der PC keinen Softwarefehler hatte, umständlich mit meinem Tablet abfotografieren musste. Wie nun den PC verschicken? Eine Umverpackung konnte mir die PC-Firma nicht zukommen lassen, sodass ich glücklicherweise bei näherem Nachforschen in unserem Keller auf die Originalverpackung stieß. Nach sieben langen Tagen kam der PC mit neuer Festplatte zurück. Nach einem weiteren halben Jahr fing er wieder an mit den Sperenzien, wurde unangenehm laut und stürzte im Word-Modus häufiger ab. Und die Moral der Geschicht': Billige PCs im Internet zu kaufen, lohnt sich meist nicht. Lieber beim örtlichen Händler etwas mehr bezahlen, als sich nach zwei Jahren einen neuen PC anschaffen zu müssen. Wo Technik ist, ist auch Überforderung nicht fern.

5 Erfahrungen eines Unzeitgemäßen

Erst seit meinem 49. Lebensjahr bin ich mehr oder weniger stolzer Besitzer eines Smartphones. Ich bin also ein waschechter Digital Immigrant. Ich habe nun ständig das Internet „zuhanden", kann also und das ist der eigentlich entscheidende Gewinn, meine E-Mails und das ganze Internet anderwärts nutzen. Nur, wann bin ich schon mal irgendwo unterwegs, also nicht zu Hause? „Unterwegs" heißt für mich dann schon: Der PC ist ausgeschaltet. Seit ich ein Smartphone besitze, brauche ich zumindest nicht mehr den altersschwachen Laptop meiner Mutter, der „unten" steht, morgens hochzufahren, um neue Mails abzufragen, ohne „nach oben" gehen zu müssen und dort nicht mehr präsent fürs Geschehen „unten" zu sein.

Ich habe als unfreiwillig keuscher Mensch auch gleich mal bei der Dating-App Tinder vorbeigeschaut. Endlich ein Tool, das hilft, das Eis der sozial-erotischen Distanz zu durchbrechen (siehe II 2). Endlich eine App, mit der man mit anderen in Kontakt kommt, doch wo ich wohne, trifft man nur selten auf Menschen, geschweige denn auf attraktive Frauen. Auch bei „Elite-Partner" habe ich gleich mal hineingeschaut und dort auch ein Profil angelegt, weil es hier aufgrund der Fotofunktion des Smartphones für mich viel leichter war, ein aktuelles Foto hochzuladen, auch da mein Tower-PC-Bildschirm keine Kamera hatte. Offenbar habe ich mich auch bei meinem Alterswunsch der jeweiligen Kandidatinnen „vertippt". Ich bekomme nur Angebote von Fünfzig-plus-Frauen und das ist der eigentliche Malus: Sie wohnen alle zu weit weg (50 Kilometer ist Bielefeld in der einsamen Region, in der ich lebe, die nächste Andockstation). Ich hätte besser auf eine mehr regional ausgerichtete Partnerschaftsbörse zurückgreifen sollen. Nun hänge ich erst mal bei Elite-Partner fest. Mein Anfangselan ist jedenfalls mächtig ins Stocken geraten (man kann sich den Eros abgewöhnen wie das Rauchen), da ich außerdem auf weniger „kunstinteressierte" und begabte Frauen treffe, als es mir lieb ist und diejenigen, die es angeblich sind, „sitzen" in Frankfurt a. M. oder Berlin und/oder benutzen Kultur als Köder und Mimikry, was darauf hinweist, dass sie tatsächlich wahrscheinlich nicht kultiviert sind. Bielefeld, meine Studienstadt, war mit seiner einstündigen Anfahrt schon tendenziell eine kurze Wegstrecke entfernt zum Glück. Nur für ein Date nach Bielefeld zu fahren, das zudem tagsüber hätte stattfinden müssen, da die private Eurobahn nur bis 22 Uhr nachts fährt und ich nachts kein Auto fahren möchte, wäre doch sehr umständlich und teuer gewesen.

„Neu" für mich ist auch die WhatsApp-Funktion. In summa muss ich hierzu feststellen, dass sich dadurch meine Sozialität und der realweltliche Kontakt zu mir nahestehenden Menschen um keinen Deut vermehrt hat. Die Hemmschwelle, mit jemandem von meinen Freunden in Kontakt zu kommen, hat sich aber tatsächlich ein wenig abgeschliffen. Gerade die rituelle Form des Kontaktes, wie die Grüße zu Weihnachten, zum neuen Jahr und Geburtstag, wurden nun zumindest jetzt immer artig ausgetauscht. Aber der Kontakt reißt dann immer wieder ab, bis sie sich mal in der Nähe von meiner Heimatstadt aufhalten und/oder das obligatorische Weihnachtstreffen ansteht.

Das hat seinen tieferen Grund im Medium selbst. Die elektronische Post kommt sofort an, sodass man zwangsläufig keine Ruhephase hat, die im Unterwegsein von Briefen begründet lag, sodass nach einem kurzen und sachlichen Austausch von Informationen der intensive Kontakt zumeist abreißt, da man nicht gewillt und in der Lage ist jeden Tag, ja jede Stunde oder

Minute auf eine über die Information hinausgehende E-Mail oder WhatsApp-Nachricht zu antworten. Und eine Mail zieht die nächste nach sich, da immer oder oft eine Präzisierung notwendig ist. Der Schriftverkehr hat im Vergleich zur Vor-Internet-Zeit zudem zugenommen, nicht zuletzt dadurch, dass er beschleunigt und vereinfacht wurde. Vieles, was man vorher mündlich erledigt hatte, hat sich auf die schriftliche elektronische Post verlagert. Man „muss" also mehr elektronisch kommunizieren, was einem das Vertiefen von Freundschaften verleiden mag. Das Mailen und Chatten hat den Impakt eines romantischen Kunstwerkes von Unendlichkeit und Unabgeschlossenheit.

Das Verhältnis zu meinen Freunden und die Wiedersehensfrequenz hat sich also, wie angedeutet, im Vergleich zum E-Mail-Kontakt um keinen Deut verbessert. Das Verhältnis zu ihnen ist aber ohnehin asymmetrisch. Sie haben viel mehr soziale Kontakte als ich. Wenn ich Ihnen eine WhatsApp schreibe, bekomme ich somit auch nicht immer und sofort eine Antwort. Ich schicke sie quasi ins Netz wie eine Flaschenpost, ohne große Erwartung, zeitnah oder überhaupt eine Antwort zu erhalten. Drei WhatsApp-Nachrichten meinerseits folgen statistisch einer von meinen Freunden womöglich auch deshalb, weil meine Nachrichten manchmal zu hintersinnig und anspruchsvoll anmuten und ich nicht den „Knigge" des Netzes, der eine gewisse Eindeutigkeit und informative Geradlinigkeit der Kommunikation nahelegt, internalisiert habe (siehe I 6). Ironie muss immer durch ein Emoji angezeigt werden, um jegliche, auch subtile Untertöne und Zweideutigkeiten zu markieren, was ich selten tue. Man nutzt die Emojis im Gegensatz zu mir auch inflationär, um positive Gefühle zu erzeugen, damit ja keine schlechte Stimmung aufkommt, um die Nachrichten aufzuhübschen und persönlich zu gestalten. Man entschuldigt sich quasi dafür, dass man nicht angerufen hat. Auch die wegfallende Mimik und Gestik bei gleichbleibender Spontanität erschweren das Verständnis.

Um auf Distanz zu bleiben und dennoch den Kontakt auf Sparflamme zu erhalten, schreibt man sich Belanglosigkeiten oder rituelle Grußworte oder tauscht sich witzige Bilder oder Videos aus. Man könnte denjenigen oder diejenige auch einfach anrufen, was man zumeist tunlichst unterlässt, da das spezifisch nur auf eine Person ausgerichtete Soziale heutzutage Aufwand und Mühe und Zeit bedeutet, ja im Mündlichen eine latente Verstellung und Inauthentizität, was allesamt kontemporäre Ausflüchte sind. So wie Freud für das Lachen reklamierte, bietet das Handy für uns User heute eine emotional-persönliche „Aufwandsersparnis". Und auch das mag ein Grund für seine heutige Beliebtheit sein.

Der tiefere Grund für das gestörte Sozialverhalten liegt in einer allgemeinen Rückzugstendenz, die schon von Richard Sennett in den 70er-Jahren diagnostiziert wurde und in den 90er-Jahren als Cocooning namhaft wurde und noch dieser Tage zum kulturkritischen Bestand der Spätmoderne gehört. Vielleicht weicht man Gesprächen auch deshalb aus, weil man Angst davor hat, was heute häufiger der Fall sein mag, dass man sich nichts zu sagen hat (siehe I 37). Die Vermeidung des Sozialen bei ihrem simultanen rudimentären Erhalt ist wohl ein Grund für die Popularität von WhatsApp, Snapchat, Facebook, Twitter und Co. Es gilt aus der Distanz die Welt zu beobachten und sich an ihr und ihren Kalamitäten zu ergötzen und sie dann der residualen Netzgemeinde mitzuteilen. Das tut man, wenn man eine vermeintlich mitteilenswerte oder außergewöhnliche Erfahrung gemacht hat, die heute rar ist, weswegen man jede auch noch so belanglose Begebenheit „postet“ und diese zur Sensation aufbauscht. Man hat, um es auf den Punkt zu bringen, wie beim Rap des Hip-Hop sehr viel Mitteilungsmöglichkeit bei einem gleichzeitigen Schwund an Mitteilenswertem.

Außerdem möchte man Spuren hinterlassen, wo keine sind bei Facebook, Instagram und Co. Man kann veröffentlichen, mag es noch so banal und gewöhnlich sein, was dann vollmundig über Facebook in Form einer E-Mail als sogenannte „Statusänderung“ oder „Nachricht“ angezeigt wird. Die Welt ist ärmer geworden, das Leben nicht mehr so divers, werden wir im Verlauf des Textes mit Herbert Marcuses Begriff der „Eindimensionalität“ und darüber hinausgehend feststellen. Um diese Dysfunktionalität des Sozialen zu kompensieren, wird auf das Internet und die dort angebotenen sozialen Netzwerke zurückgegriffen. Den Partner, den neuen Job, das kostengünstige Auto-Angebot, die ideale Wohnung, all das ermöglicht scheinbar „spielend leicht“ und „selbsterklärend“ das Internet per Mausklick.

Zurück zu meinen Primärerfahrungen mit dem Smartphone. Seitdem ich ein solches besitze, kann ich mit dem Handy Musik hören, die ich mir qua Algorithmus nicht mehr namentlich groß auszuwählen brauche, wobei aber so etwas wie Kennerschaft „flöten geht“ (siehe I 13) und die Tendenz lauert, sich jegliche kognitive Leistung von der Technik abnehmen zu lassen (siehe I 22).

Ein Pluspunkt ist, dass sich das Handy als ständig verfügbares Wörterlexikon eignet, wodurch es ein praktischer Alltagshelfer ist, ganz zu schweigen von oft gebrauchten Apps wie Bank, Post, Gesundheit und Wetter, die von zumeist instruktiven Anwendungsprogrammen wie Taschenrechner, Taschenlampe, Wecker komplettiert werden.

Last but not least kann ich auch meine Kindle-Bücher auf dem Smartphone lesen, sodass ich beim Arzt oder im Café nicht mehr ein Buch oder Reader auspacken „muss“ und ich jetzt quasi im Schutz der optischen Unauffälligkeit lesen kann, ohne mich als Leser von Büchern zu exponieren oder dieses vermeidend lieber zu den ausgelegten Käseblättern greifen zu „müssen“. Ins Smartphone zu schauen, ist allgemein anerkannt. Ein Buch oder Reader außerhalb vom Zug, Flugzeug und Strand, das kann man auch als aufreizend empfinden. Die eingeschaltete Lesefunktion sieht man dem Handyuser nicht an. Mit der Lesefunktion sind wir aber von Kommunikationssignalen befreit, die wir mit dem Buch in der Hand unweigerlich aussenden. Auch, um uns vor neugierigen Blicken zu schützen und um nicht mitleidige oder gar neidische Blicke zu ernten und den Eindruck auch von Einsamkeit zu vermeiden, das erreichen wir, indem wir das Lesen mit dem Handy als ganz normale Alltagshandlung tarnen. Außerdem ist solch ein Handy i. d. R. leichter zu transportieren und man hat sozusagen die ganze digitale Bibliothek zur Hand. Ich kann zudem zwischen Kultur und Ablenkung switchen, das Niveau nach Belieben wechseln, ohne auf eine Sache festgelegt zu sein.

Die Navigationsfunktion des Handys ist auch ein Zugewinn, von dem ich bislang aber selten Gebrauch habe machen müssen.

Aufgestoßen ist mir vom ersten Moment der Inbetriebnahme des Smartphones seine Kommerzialität. Ein Androidhandy ist bekanntlich nur mit einem Googleaccount freischaltbar. Wo bleibt da so etwas wie Wettbewerb oder das Gegenteil: die Chance einer nicht kommerziellen Techniknutzung? Fast alles kostet etwas oder ist kommerzieller Natur. Ein Jenseits von kapitalistischer Verwertungslogik scheint fürs heutige Smartphone inexistent. Und dies merkt man an der Aufmachung vieler Internetseiten, auf denen bewusst die Ungeduld und das Unwissen (z. B. wie bekomme ich das Pop-up weg?) der User und potenziellen Kunden ausgenutzt werden, um plump an Abonnements zu gelangen und „versteckte Kosten“ zu generieren. Nicht nur Städte, sondern auch Smartphones sind Geldgräber.

6 Sitten und Gebräuche

Als Adolph Freiherr von Knigge seinen „Knigge“ schrieb, war das eines der ersten Ratgeberbücher der zu vernünftigem und reflektiertem Handeln aufforderte in Zeiten, in denen sich die sozialen Standesschichten aufzuweichen begannen, die Industrialisierung anhob und auch die räumliche Mobilität zunahm, die Menschen also vermehrt aufeinandertrafen. Nicht ging es hier um Sitten und Gebräuche im Sinne von Verhaltensregeln, als um Richtlinien des kommunikativen Handelns zu erläutern und zu empfehlen, um angewandte Soziologie also. Dennoch wird Herr Freiherr von Knigge und sein Werk als Synonym für ein Wissen, das von Manieren im Gegensatz zu einem unzivilisierten Verhalten handelt, dargestellt: Wie man mit Messer und Gabel umgehen sollte, wer die Treppe im Voraus besteigen sollte oder wie und ob der Mann der Dame die Hand gibt, für all das braucht man soziale Regeln, an denen heute ein Mangel zu bestehen scheint, wenn man Asfa-Wossen Asserate und anderen Manieren-Kulturkritikern Glauben schenken kann. Man macht nicht mehr, was das „Man“ einem diktiert, woraus ein Vakuum anstelle einer Verhaltenssicherheit getreten ist. Technik und insbesondere Informationstechnik hat eine

Veränderung der Sitten und Gebräuche und des Sozialverhaltens, so die hier u. a. von mir vertretene These zur Folge.

Wenn eine Familie aus Hamburg bei uns zu Besuch ist, dann müssen wir uns auf andere Sitten und Gebräuche einstellen. Ein Grund dafür mag sein, dass das, was man zu tun oder zu lassen hat, als Überwachung des Individuums durch soziale Regeln in der Großstadt im Gegensatz zu unseren Kleinstadtsitten schwächer ausgeprägt ist. Man ist auch offener für Neues und ist auf der Höhe des Zeitgeistes, weswegen man auch technikaffiner eingestellt ist, aber auch sich in größerer Dependenz dazu befindet, wenngleich sich die beiden Sphären „Stadt" und „Land" durch die Digitalisierung und Massenmedien langsam angenähert haben.

Man könnte in der Stadt, neben der größeren Freiheit, sich auch „danebenbenehmen" zu können, auch von einer technisch induzierten sittlichen Verwahrlosung des Stadtmenschen sprechen. Die technische Verwahrlosung an Höflichkeitsgeboten fängt damit an, dass der Familienvater, der u. a. Informatik studiert hat und somit besonders technisch affin ist, wie ein Cowboy seinen Revolver sein Handy immer „in Anschlag" bringt und somit einsatzbereit hält. Wenn das Gespräch zu stocken oder redundant zu werden droht, schaut er quasi zum Ausgleich oder um sich zu zerstreuen und um neue Gesprächsanreize zu generieren auf sein Handy. Das Handy ist quasi das Tor zur medialen Welt geworden, von dem man sich ungern trennt. Das Handy ist auch ein Indikator von Multitasking als Kernkompetenz in einer beschleunigten Gesellschaft.

Nach dem Essen setzt, oder besser gesagt, legt sich die Familie aus Hamburg in die Wohnzimmersitzmöbel und jeder ist für sich mit seinem Smartphone beschäftigt in seiner Welt. Auch laterale Kommunikation macht sich jetzt rar angesichts digitaler Möglichkeiten zur technikbedingten Selbstbeschäftigung. In Stadtfamilien scheint daher die interne Kommunikation rückläufig zu sein, wenngleich die Unterschiede sich verringert haben und eher von einem zeitlichen Faktor (wann ist die oder derjenige geboren) die Rede sein kann. Jeder ist mehr eine Monade für den anderen, die per Handy an eine komplexe Parallelwelt angeschlossen ist. In dieser Metawelt sollen wir uns in Zukunft nach Visionen von Facebookgründer Mark Zuckerberg fast ausschließlich bewegen, was seit den 90er-Jahren als Avatar bei Internetspielen möglich war und ist.

Ein weiterer Verhaltenswandel liegt darin begründet, dass da, wo eine Verbindung zum anderen, quasi im Internet hergestellt wird, dieses Medium, in dem es geschieht, bevorzugt behandelt wird (siehe I 55). Wenn es zu einem Anruf in einem Bäckereisetting kommt, so ist alles auf den telefonierenden Kunden hin zentriert, der den Anrufer nicht selten nicht auf später vertröstet, sondern sein Gespräch, sei es noch so privat oder nebensächlich und laut fortführt und sich währenddessen seine Brötchen kauft. Der ganze Laden ist von dieser hegemonialen Störung betroffen. Man hört zumeist nur die Stimme des Telefonierenden, wodurch ein schwarzes Aufmerksamkeitsloch entsteht, das alle Ohren und Blicke auf sich zieht. Die Störung durch den telefonierenden Kunden ist dann wieder „behoben", wenn sie oder er den Laden verlässt. Die anderen müssen indes so lange sein toxisches Verhalten ertragen. Dass darin eine erhebliche Störung liegen mag, daran denken die wenigsten, weder die „Mitseienden", sprich Kunden noch der Störenfried selbst oder das Bäckereipersonal.

Ein Beispiel für die Ermöglichung eines defizitären Sozialverhaltens durch Technik erlebte ich neulich beim Friseur: Die Barbiere des Barbershops meines Vertrauens sind allesamt extrovertiert und haben den Schalk im Nacken sitzen. Das gehört offenbar zur Profession von Herrenfriseuren heutzutage. Es wird, neben dem Haareschneiden, geflachst, was das Zeug hält, und zwar im wahrsten Sinne des Wortes „über alle Köpfe hinweg". Ist ein Kunde introvertiert, so wird in der Kundenkommunikation von Friseur zur Kunde auf Kommunikation von Friseur zu Friseur umgestellt. Diese freundliche Missachtung (nicht selten auch fremdsprachlich) findet und fand seine Steigerung darin, dass ein Smartphone mit in die Kommunikation einbezogen wurde. Als ich zur Tür hineinschneite (als bekanntermaßen introvertierter Kunde), wurde diese „Störung" vorgreifend gleich mit einem Handyfilm aufgewartet, den der Chef-Coiffeur seinem Adlatus in voller Lautstärke zeigte, nein, vorführte. Es wurde eines der typischen Handyvideos mit sich rasant beschleunigenden Autos präsentiert. Danach ging es los mit dem Haareschneiden. Da von mir währenddessen nicht viel oder gar kein Frotzeln kam, unterhielten sich die beiden Schneidekünstler weiter mokant „über meinen Kopf hinweg" über das Video, warfen sich Witze zu. Der Spaß und die scherzhafte Stimmung obsiegten gegenüber dem Ernst einer möglicherweise besonnenen Kommunikation. Der Scherz hält die Stimmung oben, damit der Scherzkeks weiterscherzen kann und eine unangenehme Stille ist gebannt. In dieser „Charmeoffensive" hatte das Handy freilich nur eine akzidentielle Funktion. Man kann zusammenfassend aber festhalten: Das Handy war augenblicklich ein Medium, mithilfe dessen die Anwesenheit eines Menschen sträflich missachtet wurde. Es hatte offenbar eine schamlösende und ein asoziales Verhalten katalysierende Funktion.

Nicht nur das Smartphone, das man immer mit sich herumträgt, hat zu einer sozialen Verhaltensänderung geführt.

Auch der Homecomputer hat zum Phänomen des Cocooning beigetragen, wie oben bereits erwähnt: Jeder sitzt in seinem Zimmer vor seinem Bildschirm. Man begegnet sich nur mehr am Kühlschrank oder morgens beim Frühstück. Aus einem gemeinsamen Handeln wird so eine gesteigerte synchrone PC-Einsamkeit.

Der in die Öffentlichkeit als Laptop mitgebrachte PC, beispielsweise in einem Café, führt auch hier verstärkt zu einem asozialen Verhalten. Auch hier hockt jeder hinter seinem Bildschirm, verschanzt sich dort und sendet ein deutliches Nolimetangere aus. Die Welt scheint nur noch aus coolen Kreativarbeitern zu bestehen, die ihr Laptop-Office mit sich herumtragen. Die schizoide Persönlichkeitsstörung wurde so zum Normalfall. Man arbeitet überall und immer. Die anderen sind nur Kulisse der Coolness oder coole Kulisse. Man geht in ein Café, nicht um sich politisch zu unterhalten oder Gerüchte auszutauschen. Das Café hat, mit Niklas Luhmann interpretiert, längst einen Funktionswandel von politischer Kommunikation zu Beobachtung durchlaufen. Das Café dient als Hintergrundgeräusch, das zur Kontemplation einlädt („Kulisse der Coolness"). Und es fungiert als Beobachtungszone, was in Kreativarbeitspausen stimulierend wirken mag („coole Kulisse"). Man beschäftigt sich nicht mehr verbal mit dem anderen Gast, sondern benutzt ihn vielmehr als Hintergrundrauschen, als eine urban-anregende Arbeitsatmosphäre und befasst sich kaum noch mit dem Mitgast als Individuum.

Das Handy ist allenthalben omnipräsent, nicht nur beim Familientreffen und in coolen Cafés, sondern überall, wo Menschen nicht zusammenkommen, aber aufeinandertreffen wie in der Fußgängerzone, in der U-Bahn oder im Wartezimmer beim Hausarzt. Es hat den Distanzeffekt der „Blasiertheit"

(Simmel) potenziert. Jetzt kümmern sich die Leute nicht nur nicht umeinander, sondern sind scheinbar mit anderen „besseren Dingen“ beschäftigt, die auf den Bildschirmen herumgescrollt und geswipt erscheinen. Die soziale Distanz hat sich durch das Smartphone noch einmal verstärkt (siehe II 3). Dass die Menschen in gebeugter Haltung durch die Gegend laufen, ist dabei ein schon fast klischeehaftes Beispiel für ein technikinduziertes, asoziales und wenig umsichtiges Verhalten. Selbst Kinder (und Eltern) können auf längeren und kürzeren Autofahrten nicht mehr *ohne* Smartphone. Die Langeweile ist für so manchen Nachwuchsmenschen ein Fremdwort geworden, von der das Smartphone schnell Abhilfe verschafft, weswegen u. a. Fahrschulen eine Zunahme der Durchfallquoten zu verzeichnen haben. Die Schüler achten nicht auf das Verkehrsgeschehen und machen so weniger Erfahrungen in ihrer verkehrsmäßigen Umwelt, mit der sie als Fahranfänger dann kaum vertraut sind.

7 Das Störende

Jacob Burckhardt hat sein kulturelles Unbehagen gegenüber der Moderne treffend und schlicht in seinem Werk „Die Kultur der Renaissance in Italien“ als das „Störende“ bezeichnet. Das „Störende“ springt einen überall an. Überall laufen Menschen leicht gebeugten Ganges scheinbar orientierungslos sich orientierend durch die Welt. Die Smartphones scheinen Segen und Fluch zugleich zu sein. Freilich sind die Smartphones alerte Helfer im Alltag der Spätmoderne (siehe I 5). Dieser Vorteil wird aber teuer erkauft, indem man ständig überwacht und durchleuchtet wird, immer erreichbar ist und keine Leerlaufzeit mehr aushält und sich asozial verhält (siehe I 6) und einer sozialen Distanz (siehe II 3) folgt etc. Die Langeweile, wie es scheint, wurde durch die Smartphones endgültig aus dem Erfahrungsschatz nicht nur von Jugendlichen verbannt. Dafür geraten immer mehr, nicht längst nur junge Menschen in die Handysucht. Langeweile ist aber nicht nur negativ zu bewerten. Sie zwingt uns zur Reflexion, ermöglicht und eröffnet Kreativität und Beobachtungsgabe. Alles das, was wir in den letzten siebzehn Jahren seit Aufkommen der netzfähigen Telefone verlernt haben. So hat sich auch unser Zeitempfinden von einer linearen Struktur, wie es noch für das Medium Fernsehen üblich war, zu einem ständigen Flow hin verändert (zum Zeitempfinden siehe II 4). Die Langeweile wird dann, wenn sie aufzukommen droht, als besonders schlimme Geißel angesehen, die es sofort mit einem Flow zu konterkarieren gilt, was auch nicht immer hilft.

Ich kann bei mir außerdem feststellen, der mit Textverarbeitungsprogrammen täglich umgeht, dass sich durch die Korrekturfunktionen meine Rechtschreibung, die ohnehin nicht immer die präziseste war, nun endgültig verkümmert ist. Die „digitale Demenz" (Manfred Spitzer) hat sich bei mir, der ich ein ohnehin schwaches deklaratives Gedächtnis habe und die Neigung, mich nicht wiederholen zu wollen, latent ist, mit dem Internet vollends durchgeschlagen. Ich bin noch ein Übergangsmensch, wie Ernst Jünger sich als den letzten Zeugen des Übergangs von bürgerlicher Gesellschaft zur „Arbeitergesellschaft" situierte und wie Walter Benjamin den Dandy als Interregnumsgestalt zwischen Monarchie und Moderne fasste, so bin ich auf der einen Seite in einer fast analogen Welt aufgewachsen und sozialisiert und als Erwachsener mit der digitalen Welt konfrontiert, also ebenfalls ein (letzter) Zeuge eines

Übergangs. Die Generation Z (welche Generation folgt dann? Offenbar wohl tatsächlich die Generation Alpha), die jetzt nachkommt, für die ist und werden Internet und KI und Co. so selbstverständlich sein, wie für uns die Luft, die wir atmen. Es ist eine spezielle Kulturtechnik, die sie vollends beherrscht und die Schrift, vor der schon Platon warnte und Derrida sie lobte, wird wohl marginal werden. Wie soll man aber so schnell in der Flüchtigkeit des Alltags ohne Handschrift seine Gedanken festhalten, ohne dass man sie durch Zwischenschaltung von Technik wieder verliert (bis ich mein langsames Handy so weit habe, ist der Gedanke längst verflogen)? Andererseits: Wenn man keine Gedanken mehr hat, da man die Welt nicht mehr beobachtet, dann braucht man über sie auch nichts mehr zu notieren. Voraussetzung ist die Beobachtung und für mich: Stift und ein Zettel. Der Gedanke wird erst durch einen funktionierenden Stift mithilfe der Handschrift schnell festgehalten und dabei auch erst geformt. Und durch das Mitführen von Stift und mindestens Zettel entstehen, so ergeht es mir, Gedanken erst, da ich sie jetzt erwarte. Mündlichkeit ist nicht dasselbe wie Schriftlichkeit, was letztlich aber wohl auch eine Gewohnheitssache ist. Nur die Beobachtungsgabe ist unerlässlich und das Bereitsein für Gedanken, was heute aufgrund des Smartphones eine abnehmende Tendenz zu haben scheint.

Die Smartphones haben zu noch einer weiteren Grille geführt: die Illusion der absoluten technischen Machbarkeit. Dazu gibt es bislang nur wenige Untersuchungen. Je mehr wir uns auf das Smartphone als alterten Alltagshelfer verlassen, der auch freilich nicht jedes Problem zu lösen vermag, wie erwartet, desto abhängiger werden wir aber von ihm und desto mehr sterben unsere analogen Fähigkeiten ab, wie das Karten lesen und -falten, der Orientierungssinn, bis hin zur Qualität der verbalen Kommunikation überhaupt, die durch eine reine Lese- und Tippfunktion mit dem Smartphone sowie durch dessen ständige Ablenkung gelitten hat. Wer zudem seine Augen stets auf einen Bildschirm gerichtet hat und nur Kurzinformationen auf WhatsApp, Twitter und Co. liest, der kann irgendwann auch keine längeren Texte wie Romane lesen, weil er dafür viel zu zerstreut und unkonzentriert ist.

Aus der Verfügbarkeit von portablem Wissen ist also eine enorme Erwartungs- und Anspruchshaltung, was die Techniknutzung anbelangt, entstanden. Nicht nur den Alltag, sondern auch gleich die ganze Klimakatastrophe scheinen wir mit ein paar Klicks und ein paar smarten Start-up-Unternehmen in den Griff bekommen zu können. Smarte und coole Machbarkeit konfligiert mit einem übermächtigen Gegner: der Natur. Wer wird da wohl den kürzeren Strohhalm ziehen? Freilich ein natürlicher Strohhalm und keiner aus Plastik. Weitere Studien zum „Techno-Optimismus" als die bisherigen sind erforderlich.

8 Angst

Die Angst ist noch *das* „Existenzial" meiner Elterngeneration. Ein älterer Bekannter (Jahrgang 1941) hegt ein gewisses ängstlich-skeptisches Misstrauen in jeglicher Hinsicht, sei es die wahre Motivation einer vorgeblich lauteren Absicht oder das fehlerfreie Funktionieren von etwas, das „kein Geld gekostet" hat, wie das Internetbildtelefonieprogramm „Skype". Alles, hinter dem nicht diese existenzielle Bedrohung als Movens steht, wird von der „skeptischen Generation" (Helmut Schelsky) kritisch beäugt. Im Prinzip ist der Mensch böse, wie es uns das unbarmherzige System des Kapitalismus und die Natur scheinbar vormachen. Daher gilt der Grundsatz: Die Verfehlung ist nicht infrage zu stellen, die Verfehlung ist nur eine graduelle. Und so ist der Senior aus einer der Angst entratenen Skepsis heraus gegenüber dem Zauberwerk Technik im Allgemeinen wie dem täglichen Umgang mit dem Handy oder PCs im Besonderen, misstrauisch eingestellt. Funktioniert die Weckfunktion auch tatsächlich? Kann ich der Verkehrsleitfunktion, was neudeutsch auch „Navi" heißt, trauen? Wie und wo finde ich die Daten wieder, wenn ich sie auf meinem PC speichere und sofort steht, wenn eine E-Mail-Antwort ausbleibt, die skeptische Frage im Raum: Funktioniert mein E-Mail-Account überhaupt noch? Im Prinzip ist ihm der ganze „Technikquatsch" ungeheuer. Entsprechend groß ist das Erstaunen über das Wunder der Technik, wenn sie tatsächlich funktioniert. Gleiches Lob und Huld gelten dem Funktionieren von Organisationen wie bei Online-Anbietern Amazon und Alibaba und Co. „Wie das so alles funktioniert?", höre ich ihn staunend ausrufen. Und: „Was das alles an Aufwand und organisatorische Kosten verursacht?" ist eine Evokation, die seiner kapitalistischen, der Grundlebensangst geschuldeten Skepsis dem Leben gegenüber entspringt. Hier zeigt sich auch der Pessimismus des Konservativen gegenüber einem anderen System, außer dem, welches die Menschheit und Natur scheinbar am originalgetreuesten „abbildet": das des Kapitalismus als „Lebenskampf" (Darwin) und als „Beste aller Welten" (Leibniz). Zu viel Angst und Technikskepsis sind aber auch nicht immer angebracht, genauso wenig wie es opportun ist, der Technik einfach so immer blind zu folgen.

9 Kommunikation

Die Tatsache „wie“ wir kommunizieren wirkt sich auf das, „was“ wir kommunizieren, aus. Marshall McLuhan nannte es sehr hellsichtig „The medium is the Message“. Man kann heute wohl sagen, ohne dem Verdikt eines Kulturpessimisten zu verfallen, dass ein argloses Drauflosplaudern zwischen fremden Menschen nicht zuletzt wegen des ständigen Einsatzes von Technik Seltenheitswert bekommen hat (siehe I 37). Krampfhaft versucht man stattdessen in geschriebener Form Unmittelbarkeit durch Emojis herzustellen. Die Handykommunikation ist aber weder rein schriftlich noch mündlich einzustufen. Sie ist vielmehr eine Synthese, etwas Neues dieser beiden Kommunikationsformen, irgendwo zwischen progressiver Mündlichkeit und verkümmerter Schriftlichkeit. Auffallend ist die Kürze, wie sie bei WhatsApp Urständ feiert, was bei der Kurzmeldungsplattform „Twitter“ bzw. „X“ gar zum Prinzip erhoben wird. Manche tippen ganze Romane in ihr Smartphone, doch tendenziell berichtet man lediglich in Bildunterschriften, was man gesehen hat, bzw. kreiert aus Fotos, Selfies und Videos etwas Neues. Der Adressat sind zumeist die Lachmuskeln der kommunizierenden anderen. Das Handy ist außerdem ein Schibboleth, um mit sich und mit der Welt als zufrieden und autonom zu erscheinen. Es gibt also mit dem Handy immer einen Grund oder einen Anlass, beschäftigt zu sein in einer Zeit, in der man aneinander vorbeihetzt und es schick geworden ist, „keine Zeit“ zu haben und ich nur so, mit dem Smartphone in der Hand, die Einsamkeit mit Würde ertrage.

Insgesamt hat sich die Kommunikation durch das Smartphone stark hin zur Selbstinszenierung verändert. Es wird alles darangesetzt, die zur Verfügung stehenden Möglichkeiten eines ikonischen oder scheinoriginellen Aufbauschens von Informationen mithilfe der zahlreich zur Verfügung stehenden Tools auch zu nutzen, um sich als Meister des digitalen Fachs und als kreativ zu inszenieren, ohne es freilich in dem Maße wie vorgegeben, zu sein (siehe I 58). Man kann seine Identität ausprobieren, was besonders junge Menschen nutzen, die nach Sherry Turkle das Handy dazu nutzen, um kommunikativ herauszufinden, wie man sich fühlt und wer man eigentlich ist.

10 Hurra, ein Paket!

Wie schön ist es, ein Geschenk zu bekommen, besonders an Weihnachten. Man wünscht sich was, und unter dem Christbaum liegt dann das begehrte Konsumobjekt als Paket. Wir wollen aber im Zeitalter der sozialen Fragmentierung und monadischen Vereinsamung *immer* Weihnachten haben. Wir wählen aus der Vielzahl von digitalen Shoppingmöglichkeiten ein Objekt aus und wenige Tage später klingelt der Postbote und wir erhalten unser „Geschenk" und können es nun in Ruhe studieren und ausprobieren und abwägen, ob es uns auch gefällt. Mit den Coca-Cola-Worten gesprochen: „Mach Dir Freude auf!", machen wir uns ein „Geschenk" (auf). Ist das Produkt auch wirklich so toll, wie es im Internetshop angepriesen wurde? Steht uns und passt uns die Brille? Und es ist so wie an Weihnachten: Nach dem Auspacken ist vor dem Umtauschen. Schnell verliert das Objekt an Reiz und wir erwachen zeitweilig aus unserem „Traumschlaf" (Walter Benjamin) des Konsums und stellen fest: „So was habe ich schon, es ist mir nicht recht!" Unter anderem deshalb, weil die Leute so anonym aneinander vorbeileben, blüht der Internethandel auf. Aufmerksamkeit ist das eigentliche Konsumziel und laut Georg Franck die Währung, in der heute individuelles Wohlbefinden und Zufriedenheit gemessen wird. Und so ziehen sich die Menschen in ihre Behausungen zurück, wie Tiere, die ein Unwetter wittern. Im sicheren Zuhause sind wir außerdem geschützt gegen die Kälte, Viren und Überforderung da draußen. Wir handeln dabei wie unser Doodle, der die besonderen Leckerbissen erst ins Wohnzimmer schleppt, um sie dort in Sicherheit und Ruhe genüsslich zu verspeisen. Wenn wir nicht gegensteuern, werden wir die Letzten sein, die diese unzweifelhaft kranke Form des kapitalistisch induzierten Sozialverhaltens überhaupt noch realisieren. Sind wir tatsächlich die letzten Zeugen, die letzte Generation? Wir müssten „gesunde" soziale Lebensformen erst wieder neu beleben, wie den Vereinssport und sonstige Formen des sozialen Miteinanders, neu erfinden. Der Glühweinstand an Weihnachten ist eine solche Möglichkeit der sozialen Zusammenkunft als „reale Utopie". Es ist pervers: Aber man muss etwas einkaufen, sich in einer anonymen Menge bewegen, in die Kälte gehen, um Menschennähe und -wärme zu spüren. Eine Winde an der Entfremdungsschraube gedreht und wir haben durch den Internetkonsum eine weitere Pervertierungsstufe des Sozialen erreicht. Wo soll das nur hinführen? Das Soziale stirbt den Gesellschafts- und Kältetod. Müssen wir, indem wir uns Pakete zukommen lassen, um mit diesen „Geschenken" unsere unfreiwillig-freiwillige „neue Einsamkeit" (Diana Klinnert) zu durchbrechen, zu solchen Tricks greifen?

11 Einsamer Cowboy

Wie ein Cowboy bei Gefahr zu seinem Revolvergürtel greift, so greifen wir zum Handy, wenn durch einen Signalton eine neue Nachricht angekündigt wird: Wir haben eine neue Facebook- oder eine WhatsApp-Nachricht oder auch nur eine Werbemail bekommen. Reflexhaft greifen wir zu unseren Smartphones. Es klingelt, also muss etwas passiert sein. Da niemand (bis auf den Postboten) die Türklingel mehr betätigt, reagieren wir alarmistisch auf jegliches Handygeklingel. Je weniger in der Lebenswelt der Menschen tatsächlich etwas geschieht und sich „ereignet", desto erwartungsvoller ist unsere Grundhaltung den neuen Medien gegenüber und desto erlösender ist dann die Stimmung, wenn wir aus unserer „Cyber-Einsamkeit" befreit werden und uns tatsächlich eine persönliche Mail erreicht. Auch die Distanz zwischen den Menschen wird an dieser Erwartung und seiner plötzlichen, salvierenden Erscheinung offenbar. Man kann das Handy kaum weglegen, so sehr ist man auf ein Stück Neuheit erpicht. Man könnte etwas verpassen, wofür sich die Abkürzung FOMO („Fear of Missing Out") eingebürgert hat. Warum diese Passivität? Warum rufen wir nicht einfach jemanden an, wenn wir uns einsam fühlen? Stattdessen halten wir uns an den sozialen Medien wie an einem letzten Anker fest. Die Defizienz des Mündlichen wurde erkannt und da man immer schriftlich kommuniziert, ist ein Telefonat mit hohen Erwartungen verknüpft und man unterlässt es auch, da alle es unterlassen und man „lieber nicht stören möchte" (siehe I 52).

Je mehr die Menschen monadisch auseinanderdriften, desto wichtiger wird das Smartphone als letzter Kitt und soziales Bindeglied genutzt als Ausweg und Desiderat der vorherrschenden Kontaktlosigkeit. Zumeist sind es Belanglosigkeiten, die in das „All“ des Netzes gesendet werden. Je negativer die sozialen Expansionskräfte wirken, desto wichtiger werden soziale Ersatzformen wie Facebook und Co. Das Smartphone hat die Sucht nach Leben und Neuheit noch mehr angefeuert, wie eine mit einem Zuckerersatz hergestellte Mahlzeit nur noch hungriger macht.

12 Kein Vertrauen

Alte Menschen, also hier gemeint die Alterskohorte der 70+, haben oftmals etwas gemeinsam: Sie haben kein Vertrauen in die Technik, die sie chronisch überfordert. Zurecht. Denn sie sind es gewohnt aus dem Zeitraum der Menschheit bis Mitte der 80er-Jahre des 20. Jahrhunderts, sich mit den eigenen Augen und/oder den Händen der Validität eines Dinges zu vergewissern, ob es heil geblieben oder noch da ist. Diese „zuhandene“ Prüfung, das haptische In-die-Hand-nehmen-und-mit-eigenen-Augen-Prüfen fiel seit dem Anbruch des Zeitalters des Personal Computers immer mehr weg. Erst, wenn wir ein Dokument ausdrucken, ist es aber faktisch vorhanden. Man kann noch so schöne Tabellen und wertvolle Texte oder gar Gegenstände virtuell erzeugen. Wir „haben“ sie erst, wenn wir es aus dem Bildschirmstatus in die Papier- oder sonstige Form übertragen haben (es sei denn, wir veröffentlichen oder kommunizieren nur digital). Der Drucker kann den Geist aufgeben, die Festplatte kann kaputtgehen, der USB-Stick kann Daten verlieren, eine Cloud ist ebenfalls nicht absolut sicher. Immer ist da ein banges Momentum, das das sozusagen ohne Papierform etc. zurückbleibende Individuum beschleicht, das uneingeschränkt der Technik vertraut, wenn es den Computer herunterfährt und die Doktorarbeit ist (hoffentlich) nochmals abrufbar. Viele ältere Menschen haben häufig auch das Gefühl, dass auch viele jüngere Menschen gelegentlich beschleicht, dass die Technik uns mehr beherrscht als wir die Technik, was eine Einsicht ist, die schon bei Karl Marx, David Thoreau und William Blake auftaucht. Die Maschinen sind dabei, uns zu ihren ohnmächtigen Sklaven zu degradieren (Posthumanismus), wie jüngst von dem Philosophen Nick Bostrom postuliert und durchdekliniert, der allerdings mehr ein Transhumanist ist. Die Generationen Y und Z, die nach der Generation Golf kamen, hingegen haben sich ein naives Grundvertrauen in die Technik zu eigen gemacht. Sie haben kaum noch Bauchschmerzen, etwas Kostbares in die „Hand" der Technik zu legen, obwohl auch sie diese nicht mehr wirklich begreifen und diese bekanntermaßen störanfällig ist. Ein solches blindes Grundvertrauen ist aber tatsächlich nicht immer gerechtfertigt. Zu viel Technikoptimismus ist nicht gut, aber auch nicht zu viel Skepsis. Nach Gerd Gigerenzer müssen wir die Sache smart angehen und uns über Risiken und Nutzen der KI und Digitalisierung aufklären lassen.

13 Wissen und Kennerschaft

Wissen ist heute immer mehr ein Archiv, auf das ich jederzeit zurückgreifen kann und ich kaum die Schublade kennen muss, indem es dort bereitliegt. Es ist nur noch ein Stichwort eines

Sachverhaltes vonnöten und schon wird man auch mit einem halben Schlagwort mit Informationen zu diesem Sachverhalt überschwemmt. Ich benötige nur ein Halbwissen, nur noch Überschriften und Ellipsen und diese Wissensfetzen werden mit Google und Co. reichlich mit Sinn angereichert, wie ein defekter Zahn durch eine Füllung beim Zahnarzt. Das führt dazu, dass ich als Opfer der Technik ohne Rechner gar nichts mehr rechnen oder komplexere Zusammenhänge repetieren kann. So geht im Zeitalter des Algorithmus mit einem nicht mehr erforderlichen Gedächtnis die Kennerschaft einer Sache verloren. Als junger Mensch in den 80er-Jahren war Musik nur auf Schallplatten und Kassetten „technisch reproduzierbar“ (Walter Benjamin). Man entwickelte zwangsläufig, wenn nicht immer eine erotische, so doch eine passionierte Beziehung zu den gesammelten Gegenständen, beispielsweise zu den Import-Schallplatten und kannte den Text und die Melodie der gehorteten, in meinem Fall: Funk- und Soulstücke auswendig. Heute brauche ich nur den PC hochzufahren und es genügt ein einziges vages Stichwort in eine Suchmaschine oder Musikapp-Textfeld einzugeben. Das genügt und schon kommen sie alle meine damaligen Favoriten, die unsere Klicke religiös beglückten in dem Maße, wie es schwierig war, sie in einer abseits der urbanen Zivilisation gelegenen Kleinstadt zu beschaffen. Die Musikliebe hat, da sie keine Kennerschaft mehr verlangt, sich abgekühlt, was man auch allgemein für Popmusik konstatieren kann. Popmusik hat längst ihre avantgardistische Potenz verloren (siehe II 4.). Man hört dies und das, eine Kennerschaft ist heute kaum noch der Fall und nur bei denjenigen zu beobachten, die entweder in der Vergangenheit leben oder der Generation Z und jünger angehören, die es nicht anders kennen. Ansonsten lässt man sich berieseln. Bandnamen tauchen auf und wieder ab. Um es nochmals mit Walter Benjamin zu sagen: Auch das Musikhören hat „im Zeitalter der technischen Reproduzierbarkeit“ seine „Aura“ verloren. Eine Studie aus dem Jahr 2017 in der Zeitschrift „Psycholoy of Music“ scheint diese Hypothese zu bestätigen.

14 Am seidenen Faden

Wir verlassen uns ganz und gar auf die tönernen Füße der Technik. Früher, bis weit in die 2000er-Jahre hinein, gab es, was viele gar nicht mehr kennen, noch vereinzelt gelbe Telefonzellen. Wir hocken hingegen heutzutage lieber bei unseren „stahlharten Gehäusen“, die uns alles ermöglichen und uns aber auch lebenstechnisch in eine Google-Abhängigkeit bringen. Das „stahlharte Gehäuse der Hörigkeit“, von dem Max Weber schrieb, ist heute viereckig, manchmal einklappbar oder biegsam und ständig als Selfie-Maschine „zu Händen“. Wehe aber, wenn dieses Smartphone oder Tablet, das uns täglich begleitet, einmal wegfällt, wenn uns der Strom ausgeht oder wir das Handy im Zug haben liegen lassen. Dann stehen wir selbst unter Strom. Wir sind dann mit dem konfrontiert, was Wilhelm Worringer als „Raumscheu“ und Martin Heidegger als „innerweltliche Angst“ bezeichnet hat. Die Sicherheit und Coolness, in der wir uns mit der Technik wiegen und wohlfühlen wie in Abrahams Schoß, bricht dann auf. Früher war es die größte Katastrophe, seine Geldbörse zu verlieren. Dieser Sprung in die Hilflosigkeit war aber nicht so groß bemessen wie der heutige Kontrast zwischen einerseits Handy-Haben und Internet-Verfügbarkeit und -Souveränität (= Coolness) und dem Verlust des Handys und das dadurch erfolgende Gestoßensein in Angst und Verzweiflung und der sich „geruchsartig"-schnell ausbreitenden Hilflosigkeit, die sich dann einstellt, auf der anderen Seite (= Uncoolness). Das Eis der Kultur muss viel tragen, obwohl es hauchdünn geworden ist.

15 Das Smartphone und die Mentalität der coolen Weltbeherrschung

Wir denken nur allzu leicht, dass derjenige, der ein Smartphone besitzt (über das inzwischen jeder Gimpel verfügt und es zu handhaben vermag), auch die Welt beherrscht, indem er quasi auf ihr mit x-beliebigen Anwendungen hin und her surft. Man braucht, so der naive Glaube, in einer Situation X nur mit der entsprechenden App Y zu reagieren und alle Probleme sind damit gelöst. Das führt, wie erwähnt, zu einer Mentalität eines coolen Machbarkeitsglaubens, der sich ein ums andere Mal als Selbstüberschätzung und Täuschung erweist. Die Menschheit steuert medienberieselt und techniksomnambul auf eine Katastrophe zu, bei der sich das Smartphone als Instrument des Kopf-in-den-Sand-Steckens erweist. Walter Benjamin sprach schon in den 30er-Jahren des 20. Jahrhunderts nochmals von einem „Traumschlaf", wobei hier das vorübergehende böse Erwachen in zwei Weltkriegen erfolgte. Vielleicht ist das Smartphone inzwischen so ein Tranquilizer geworden, mithilfe dessen man den Schmerz der modernen Lebenswirklichkeit besser erträgt. Die Leute rauchen kaum noch, trinken auch weniger Alkohol.

Das Smartphone springt in diese Bresche und hat heute deshalb eine kompensatorisch-narkotisierende Funktion.

Noch etwas ist in dieser Hinsicht für die heutigen Menschen typisch: Sie erfahren gerne ablenkende und zerstreuende Kontemplation angesichts von Überforderungserfahrungen. Sie zelebrieren so etwas wie neudeutsch „chillen", was so viel bedeutet wie: Zerstreuung ohne Geist. Böse könnte man sagen: Das Handy ist Kontemplation und Flow-Erfahrung für jedermann, also auch für Doofe. Man muss nicht mehr klug sein, um den angenehmen Zustand der inneren Versenkung, von der Schopenhauer als Erlösung vom Willen qua ästhetischer Erfahrung philosophierte, zu erfahren. Von der Kontemplation geht es kurzzeitig in die Lebenswelt, um dann wieder in die virtuelle Welt abzutauchen. Die Welt ist nicht mehr das Apriori und Gebot der Erfahrung, sondern der Zustand des kontemplativen Eintauchens in virtuellen Welten ist der neue Dauerzustand der heutigen „Lebensstilgesellschaft" (Rudolf Richter).

Wir können also heutzutage von einem umgekehrten Heidegger sprechen, der in „Sein und Zeit" das „Dasein" und seine „Verfallenheit an die Welt" als das „Zunächst" der menschlichen Erfahrung ausgegeben hatte. Die Faktizität ist es nicht mehr, wie wohl noch hauptsächlich in den 20er-Jahren des 20. Jahrhunderts es der Fall war, ein primäres Welt- und Wahrheitsgeschehen, sondern es hat sich zur Virtualität als einem Geschehen verschoben, das sich außerhalb der Faktizität abspielt. Das Handy und die Technik im Alltag bewirken so ein cooles Über-den-Dingen-Schweben. Technik erzeugt also einen ihr eigentlich fernen Somnambulismus. Technik als antifaktische Kontemplation oder als faktisch-analytisches Instrumentarium allein reicht also nicht aus. Man braucht auch Ideen, Fantasie und ein Problembewusstsein, um die Technik erfolgreich als wissenschaftliches Desiderat einzusetzen. Der technische Somnambulismus führte dazu, dass die Menschen immer tiefer in ihrem „Traumschlaf" versanken, bis sie durch eine Anhäufung von kontemporären Krisen in den frühen Zwanzigerjahren des 21. Jahrhunderts, zumindest kurzweilig daraus aufgeschreckt wurden. Und es ist immer noch möglich, dass wir in einen 3. Weltkrieg gerissen werden. Dann wird es zu spät sein, um gegenzusteuern, wie viele andere Skeptiker und ich fürchten.

16 Technik und Undurchsichtigkeit

Eine Analogie der Verworrenheit und Undurchsichtigkeit von Technik und technischen Abläufen für die meisten ihrer Akteure ist die Undurchsichtigkeit der Funktionsweise des Kapitalismus. Nur sehr wenige vermögen ökonomische Zusammenhänge in ihrer Komplexität zu durchschauen, und auch diejenigen, die sich professionell damit befassen, stoßen an ihre rationalen Grenzen. Des Rätsels Lösung über die Funktion und Wirkungsweise des Kapitalismus verteilt sich auf viele, sich zum Teil widersprechende Theorien, also Erklärungsversuche. Was wir unmissverständlich leibhaftig verstehen, sind die brutalen Fakten, die der Kapitalismus für den Einzelnen bedeuten, also die Prämisse, dass ich Geld erwerben muss, um zu überleben. Um dies zu erreichen, muss man entweder jemanden oder mehrere für sich (mit)arbeiten lassen, oder aber man muss seine Arbeitskraft auf dem Markt verkaufen, um an Geld zu gelangen (Die drei Ausnahmen, das Geld für mich arbeiten zu lassen oder vom Staat Zuwendungen zu bekommen oder kriminell zu werden, lassen wir hierbei einmal beiseite). Fest steht: Es ist nicht einfach, an das Geld der anderen zu gelangen im Hoch- und Spätkapitalismus, es sei denn, man nutzt digitale Medien und ist Influencer und heißt Kim Kardashian.

Ähnlich unterkomplex wie unser Wissen vom Kapitalismus ist nun auch unser Technikverständnis, wenn wir nicht gerade IT-Spezialisten oder Ingenieure sind. Man sieht nur das Ergebnis und ein paar auswendig gelernte Schritte dahin; das ist die „Tragödie der Kultur", von der Georg Simmel zu Beginn des 20. Jahrhunderts geschrieben hatte: Der Haufen an Unverstandenem und Unverfügbarem wird demnach immer größer und der Haufen unseres Wissens davon immer kleiner. Schlimm ist es für die Unwissenden (die wir zu 98 Prozent sind), wenn die Technik ausfallen oder gar der Kapitalismus zusammenbrechen sollte, ohne Plan B dazustehen. Ich habe irgendwo den Satz gelesen: „Wir können uns eher das Ende der Welt vorstellen als das Ende des Kapitalismus." Wir sind betriebsblind, haben einen riesigen Balken im Auge, sind gelähmt wie das Kaninchen im Scheinwerferlicht. Wir rasen mit einem Zug auf einen Abgrund zu und haben nichts Besseres zu tun, als technokratisch zu eruieren, wie tief er wohl sein möge. Viele realisieren auch das Unheil nur abstrakt und vertreiben sich gleichgültig mithilfe von Smartphones und sonstigen Gadgets ihre „knappe" Zeit. Daran, dass man den Zug stoppen und mit Walter Benjamin „den Nothebel" betätigen müsste, denken im Alltag die wenigsten. Die meisten glauben es nicht einmal und verweisen auf die bisherige erfolgreiche Reise des Zuges hin. Manche leugnen den Abgrund gar, verweisen auf die Notwendigkeit der Zugfahrt im Allgemeinen hin. Die Technik ist ein Verbündeter des Abgrundes, auf den sie zusteuert. So stellt sich die katastrophische Seite einer irrlichternden Technik dar, wie sie Ernst und Friedrich Georg Jünger, Martin Heidegger, Theodor Lessing, Henri Bergson, Leopold Ziegler, Walter Benjamin, Ludwig Klages etc. vorausgesehen haben.

Man kann den Spieß aber auch umdrehen und ein Zuwenig an Technik konstatieren, mithilfe derer etwa die Organisation von wirtschaftlichen Vorgängen heute viel präziser und bedarfsgerechter ausfallen könnte, als es zur Zeit des realexistierenden Sozialismus möglich war. Wir brauchen einen Plan B, um den rasenden Zug zu stoppen, der erst um Jahre verzögert zum Stillstand kommen wird. Doch das Subjekt scheint ohnmächtig, ohne Handlungsspielraum und „Alternative“ zu sein. Instruktiv sind hier die Ideen zur modernen Planwirtschaft von Helmut Dunkhase und Günther Sandleben und andere Autoren vom PapyRossa Verlag. Ein anderes System als den Kapitalismus verfolgt u. a. auch Erik Olin Wright in dem Buch „Reale Utopien“.

17 Ohnmacht des Subjekts

Die Ohnmacht und Überforderung des Subjekts angesichts von strukturierter Organisation war einer der zentralen Gedanken von Niklas Luhmann. Ohnmächtig sind wir demnach angesichts eines technisch-kapitalistischen Geflechts von Systemen. Der technische Fortschritt ist scheinbar genauso unumkehrbar, wie es unmöglich ist, in die Speichen des laufenden Rades des Kapitalismus zu greifen, ohne sich die Hand zu verletzen.

Das Subjekt ist also ohnmächtig, ja tot. Es kann den „Dschagannath-Wagen der Moderne“ (Anthony Giddens) nicht aufhalten und nur wenig steuern. Die Ohnmacht ist aber keine bürokratische (das Bild Max Webers ist heute überholt), sondern die eines „technischen Gestells“ (Heidegger). Einerseits laufen wir konsumberieselt und entspannt durch die Welt, andererseits vollzieht sich eine Katastrophe in Zeitlupentempo vor unseren Augen und wir erleben eine Wiederkehr des Faschismus und können nicht viel mehr dagegen tun, als auf die Straße zu gehen und eher links zu wählen, so wie es der erschrockene Bürger zuletzt getan hat (obwohl nach der Bundestagswahl 2021 alle Beteiligten ebenso erschrocken wieder in die politische Mitte und noch weiter nach rechts sprangen). Auf der Straße fand man allenfalls noch ein paar Klimaaktivisten (zum Teil angeklebt). Es schien sich in postdemokratischen Zeiten keine Öffentlichkeit zu regen, wie von Alexandra Schauer in dem Buch „Mensch ohne Welt“ analysiert. „Protest“ kommt heute eher von rechts vom aufgebrachten Wutbürger, der gleichsam eine Eigendynamik entwickelt hat, die wiederum eine linke Öffentlichkeit der Antifaschisten mobilisierte, angesichts von dem Bekanntwerden von weitreichenden Remigrationsplänen zum Teil von Ultrarechten, auch aus CDU und AFD.

Die Verteidigung des Territorialen durch den Stamm ist also ein archaischer Impuls (der „Naturnatur“ nach Schaik und Michel), den man mit aller Vernunft nicht abzuschütteln vermag. Die Demokratie scheint ohnmächtig und ein zahnloser Tiger angesichts des rechtsradikalen Stamm-Tischs, deren Anhänger aus geschürter Angst für eine territoriale Rhetorik und ein Denken in Großgruppen („Volk“) votieren.

Das „technische Gestell“ führt dazu, dass die Menschen immer mehr auseinanderdriften, was nur schwer von der Technik selbst wieder korrigiert werden kann. Als Monade ist man der Moderne schutzlos ausgeliefert und passt sich ihr stumm an.

Man geht mechanisch einer Arbeit nach, die in den allermeisten Fällen von einer monoton-mechanisierten Arbeitsweise diktiert wird, die glücklicherweise oder tragischerweise in naher Zukunft eine KI übernehmen könnte.

In der heutigen Gesellschaft der Spätmoderne kann man Teil II 2 vorausgreifend konstatieren: „Trieb trifft auf Distanz." Der Trieb wird durch sein Versagen und eine allgegenwärtige Pornografie und Sexualisierung des Alltags angeheizt, trifft aber auf eine flirt- und beziehungsarme Welt der arbeitstätigen Monaden, deren Überleben gesichert ist, denen mit der Suspendierung der Trieberfüllung ihr Lebensnerv abhandengekommen zu sein scheint. Und nicht nur die Arbeit ist von Technik bestimmt, auch in der sogenannten Freizeit hängen wir am Tropf des Internets. Aus dem technischen „Gestell" gibt es kein Entrinnen und wir begeben uns teilweise freudig in dessen Hände, sind nicht nur technikaffin, sondern techniksüchtig als Marionetten der kapitalistischen Lebensweise und der diese Fäden ziehenden „unsichtbaren Hand" (Adam Smith). Werden wir mal augenblicklich nicht von der Technik vereinnahmt oder beherrscht, so kommentieren wir das Restglück oder Residuum, das hier aufscheint mit der Evokation „Cool." Cool ist auch alles, was jenseits von Distanz und Entfremdung quasi kompensatorisch zu einer narzisstischen Ersatzbefriedigung führt. Dass man gerade nicht verzweifelt oder aggressiv reagiert, bezeichnen wir euphemistisch als „cool!". Cool ist außerdem eine Bezeichnung für ein heruntertemperiertes Gestimmtsein, das ein Aushalten des Zustands bis zur nächsten Ersatzbefriedigung ist und die Ersatzbefriedigung selbst. Man könnte hier von einer kontinuierlichen und von einer diskontinuierlichen Coolness sprechen. Nur ein Roboter kann sich über „Coolness" freuen, da er bei Kälte so besser funktioniert.

18 In der Wiederholungsschleife

Eine typische Labyrinth-Szene: Ein Akteur landet immer wieder am Ausgangspunkt. So wie bei einem Streicheklassiker der Sendung „Verstehen Sie Spaß?“ in dem die zur Bühne gebetenen Schauspieler in einem Theater immer wieder vor der Tür „Hier geht's zur Bühne“ landen, da sie den Hinweisschildern gefolgt sind, so ähnlich ergeht es uns, wenn wir uns am Computer in einer Wiederholungsschleife verfangen haben. Ich beabsichtigte beispielsweise, einen Datensatz in einem kostenlosen Schreibprogramm für Autoren hochzuladen. Immer wieder landete ich bei der Error-Anzeige, wenn ich die jeweilige Textdatei angeklickt hatte. Und schon war ich in einer Wiederholungsschleife gelandet. Irgendetwas hatte ich immer falsch gemacht. Dieses In-einer-Wiederholungsschleife-Feststecken passiert auch häufig, wenn man auf einer Internetseite irgendwo sein Passwort erneuern muss, da man das alte vergessen hat. Bis es so weit ist und man sich endlich identifiziert hat, sodass wir endlich die Bestellung aufgeben können, ist uns die Lust am Kaufen gehörig vergangen. In die Wiederholungsschleife gelangt man auch, wenn ein Programm immer wieder abstürzt oder überhaupt, wenn man angesichts des Computers in eine Wenn-Dann-Kausalität gerät, wie oben beschrieben, zum Beispiel, wenn ich wie neulich ein Passwort vergessen hatte und um an das Neue zu gelangen, das Alte habe eintragen müssen, was wiederum nicht möglich war, da ich meines vergessen hatte. Manchmal hilft dann der Benutzername, den man freilich dann auch vergessen hat. Um aus der Schleife zu kommen, hilft auch ein Blick auf den Kennwortspeicher, der freilich alle jemals generierten Passwörter anzeigt und nicht nur das Aktuelle. Und jedes „Bild“, jede „Maske“ ist anders konfiguriert, sodass man sich immer wieder vor eine überfordernde Herausforderung gestellt sieht, dass man sich immer wieder durchfuchsen muss und sich einem Menü gegenübersieht, das wiederum anders aussieht und teilweise auch anders funktioniert.

Die Wiederholungsschleife ist dabei im menschlichen Erleben, besonders heute, nicht nur negativ besetzt. Mit Rap und R‘n‘B läuft im Hintergrund vieler jugendlicher Lebenswelten eine Unendlichkeitsschleife des ewigen Gefasels, die einen positiven Stimulus auf die Seele von jungen Menschen hat. Die unendliche Wiederholung hat dabei die Funktion eines wach machenden Tonikums, ähnlich wie der Sklavengesang von Afroamerikanern die Arbeit erträglicher machen sollte, so fungiert hier die Musik als Roborans- und Durchhaltemittel.

Überhaupt bietet das Internet eine Endlosschleife an Kommunikation. Auf dem Smartphone reißt der Dialog nie gänzlich ab. Die Fäden sind immer alle da, sie müssen nur wieder aufgenommen und weitergesponnen werden.

19 Schweigespirale

Keiner beherrscht Technik ganz und zu jeder Zeit. Vielmehr scheint oft das Gegenteil der Fall zu sein: Überforderung durch Technik auch dann, wenn derjenige Technikuser ein Fachmann auf dem jeweiligen Gebiet ist. Wieso klappt das Programm auf dem einen Computer formidabel, versagt aber seinen Dienst auf dem anderen PC bei identischer Ausgangslage? Keiner will dieses technische Unvermögen (das freilich vorwiegend auf menschliche Fehler zurückzuführen ist) und eine solche Schwachstelle im Rausch des Technikfiebers so richtig wahrhaben. Digitale Kenntnisse gehören zur Allgemeinbildung. Auch hier ist Nichtwissen schambesetzt, auch ungeachtet der Tatsache, dass es sich um amusisches, deklaratives, nicht um ein bibliophiles Wissen handelt.

Es ist so wie früher im Mathematikunterricht. Ein paar Könner führen das Feld an, während die durchschnittlich mathematisch begabte Masse der Kursteilnehmer zunächst einmal gar nichts versteht. Dennoch bekennt sich kaum einer dazu. Vielmehr wird verständnisinnig alles abgenickt, was der Lehrer an Hieroglyphen an die Tafel gezaubert hat. Ja, nicht als unterbelichtet herausstechen und hoffen, dass man nicht drankommt, bevor man es verstanden oder auswendig gelernt hat. Aber selbst die Mathekönner kommen dann in der Uni an ihre Grenzen und sind dazu gezwungen, hinter der Maske der Coolness Poser zu sein, da auch sie hier nicht alles auf Anhieb verstehen, bzw. nie verstehen werden.

Der ganze Mathekurs gibt sich also vielmehr einer Gruppenraison hin, nach der diejenigen, die es zugeben, nicht verstanden zu haben, in der Minderheit sind, obwohl sie die Mehrheit im Kurs bilden. Elisabeth Noelle-Neumann hat diesen sozialpsychologischen Mechanismus der impliziten Anpassung an die Mehrheit als „Schweigespirale“ bezeichnet.

So ähnlich gestaltet sich der Umgang mit dem PC. Keiner will zugeben nur rudimentäre oder nicht ausreichende Kenntnisse zu haben, obwohl es für die meisten „Rezeptwissen“ ist unter den Usern. Das Selbstverständnis, mit dem Studenten ihre Laptops oder einen USB-Stick an die Projektoren im Seminarraum anschließen, ist demnach nichts als ein Posing. Es ist eben so, dass jeder einen bangen Moment durchsteht in dem Augenblick, in dem er sein Equipment an die Schnittstelle anschließt. Ein ängstlicher Moment des Abwartens stellt sich dann ein. Es ist für einen Moment zumindest ungewiss (und man hält die Luft an), ob die Technik auch wirklich funktioniert und man seinen zumeist entsprechend der Software simpel gehaltenen PowerPoint-Vortrag scheinbar souverän und in kleinen verdaulichen Happen dargereicht, lässig und cool über die Seminarbühne bringen kann. Auch für den Inhalt von Referaten gilt: „The Medium is the Message!" Aber um das zu demonstrieren, muss die Technik erst einmal funktionieren.

20 Mühelosigkeit oder die Welt des PCs mit Heidegger I

Es ist sehr gut möglich, zur Beschreibung von technischen Bewusstseinsmodi die Unterscheidung von zwischen „Zuhandenheit" und „Vorhandenheit" heranzuziehen, die Martin Heidegger schon 1927 in seinem philosophischen Hauptwerk „Sein und Zeit" entwickelt hat. In seinem Sinne sollte mit der Erfindung dieser Dichotomie darauf hingewiesen werden, dass wir zumeist in einem „hantierenden Modus" agieren und erst nachträglich die Vorhandenheit der Welt dann zutage tritt, wenn im alltäglichen Erfahren des „handwerklichen" Handelns eine „Störung" vorliegt. Berühmt und eingängig ist das Beispiel des Hammers: Nach Heidegger wird der Hammer erst im alltäglichen Hantieren „sichtbar" und in dem Augenblick „auffällig", indem er „fehlt". Die Handlung der handwerklichen Tätigkeit wird „gestört", die ganze Situation des Hineingestelltseins in „die Welt“ wird jetzt deutlich und wir geraten in den Zustand eines suchenden Blickens, der sich nun auf „Vorhandenes“ richtet. Diesen Gedanken kann man nun auf den Umgang mit Informationstechnik beziehen:

„Zumeist und zunächst“ ist der technische Umgang heute der einer kontemplativ-zuhandenen Mühelosigkeit. Die größte Strecke des Tages verbringen wir so in einem fließenden Wechselspiel zwischen zuhandener Welt und zuhandener Handy- oder sonstiger Computernutzung. Dieser Schleier der Mühelosigkeit kann aber jederzeit zerrissen werden und wir stürzen ab ins Vorhandene. Es tritt eine „Störung“ auf und wir müssen die Welt rational-distanziert ins Auge fassen, ja „anglotzen“. Zu Heideggers Zeiten, also über weite Strecken des 20. Jahrhunderts, war das Verhältnis wohl ein umgekehrtes. Man verbrachte beispielsweise als Fabrikarbeiter den Großteil des Tages in einer seelisch belastenden Vorhandenheit, immer wieder eine Störung erfahrend oder im Modus der Vorhandenheit verbleibend, ausgelöst durch einen ständigen beschwerlichen Umgang mit Technik. Für viele Menschen in Zeiten des sogenannten postindustriellen Zeitalters und der Digitalisierung hat sich solch ein seelenloses Dasein heute in eine, den Zustand des Gehobenseins bewältigende Arbeitsdauer („im Modus von Zuhandenheit“) verwandelt. Einige Bauarbeiter und Fabrikarbeiter, die nur noch ¼ der Arbeitnehmer ausmachen, müssen hingegen noch überwiegenden teils im Modus des Vorhandenen ausharren, wenngleich die Momente der technisch-gehobenen Mühelosigkeit auch teilweise in ihre Arbeit erleichternd eingedrungen sind (man denke an die allseits als unverhältnismäßiger Lärm wahrgenommenen Laubbläser). Der Mensch ist aber insgesamt ein Homo contemplativus geworden, der sich zumeist in einem Modus der „zuhandenen“

Mühelosigkeit aufhält, während die Vorhandenheitserfahrung, gegen die Heidegger so polemisierte, sekundär geworden zu sein scheint. Da wir das „Vorhandene“ aus unserem Alltag verbannt haben, ist es so, dass wir diese, auch als Form von Langeweile kontrastiv als bedrückend ansehen (siehe II 4), nämlich als die Last der Vorhandenheit ausnahmsweise zu tragen und auszuhalten zu müssen und zu spüren (wenn wir etwa den Kasten Wasser in den Keller schleppen oder den Rasen mähen müssen). Jede körperliche Betätigung wird dann zur Herausforderung und kontrastiv als vergleichsweise schlimm empfunden. Das mag, neben der sozialen Nachahmung, der Grund für so viele Kopfhörerträger in der Lebenswelt sein, die außerdem die Distanz zwischen den Menschen verschärft haben, was sie wiederum in die Hände der Technik treibt. Doppelte Dialektik also.

21 Beobachtung und Technik

Wenn ich nicht aus den Augen gelassen werde, muss ich mich konzentrieren, das Kaffeetablett richtig in den Schiebewagen zu stellen, der für das gebrauchte Geschirr in unserem Stammcafé an der Seite des Gästebereichs bereitsteht. Ich werde umso mehr beobachtet, in dem Maße, wie die Leute, an denen ich mich vorbeimanövrieren muss, nichts zu tun haben als eben zu glotzen. Das geschieht routinemäßig sicher, wenn sie mich zum ersten Mal sehen. Das Sprechen wird mühsam so lange unterdrückt, bis ich scheinbar aus der Hörweite bin. Das Sehen ist umso intensiver als das Sprechen zurückgehalten werden muss und gleichsam als „Ton der Uneigentlichkeit“ anschwillt.

Ähnlich ergeht es mir, wenn ich eine Konzentrationsaufgabe lösen soll. Ich erfahre mich hinterherspioniert. Und wenn ich mich beobachtet fühle, schaltet mein überfordertes Hirn ab und es wird dysfunktional. Genauso ergeht es mir also mit dem Tablett und dem Schiebewagen (Technik). Wenn ich währenddessen über etwas nachdenke oder mich beobachtet fühle, verliere ich mein Gleichgewicht im wörtlichen wie im übertragenen Sinne. Ich fange an, unsicher und fahrig zu werden. Zudem kommt noch: Unter Beobachtung entgleitet mir meine Souveränität und ich muss mich zusammenreißen, im Umgang mit Technik nicht ein Malheur anzurichten. Technik wird dann zu einem widrigen Vabanquespiel, in dem ich zumeist den Kürzeren ziehe. Eine kleine Unaufmerksamkeit aufgrund einer im Alltag nicht ungewöhnlichen Absence und schon hat man einen Autounfall verursacht. Technik ist oftmals nur ein Tipping-Point des Katastrophalen. Sie lenkt ab, absorbiert Aufmerksamkeit. Auch das innere Schiff gerät dabei ins Wanken, wenn sie ins Spiel kommt. Froh, unter Fremdbeobachtung keine kleine Katastrophe ausgelöst zu haben, wende ich mich cool ab und ziehe mit einer gleichgültigen Miene von dannen, als wenn nichts gewesen wäre, nichts auf der Kippe gestanden hätte. Die Coolness zerstreut ex post alle Unsicherheiten.

22 Technik verdrängt Geist und macht träge

Am Beispiel des Taschenrechners kann man sich einen Vorgang der „digitalen Demenz“ (Manfred Spitzer), der mit Technik einhergeht, verdeutlichen: das technikverursachte Nachlassen von intellektuellen wie sozialen Fertigkeiten.

Mit der schulischen Anwendung des Taschenrechners in den 80er-Jahren wurde mein korrektes Rechnen mit einem Schlag überflüssig. Ich hatte meine Generalausrede, die da lautete: „Das kann alles und viel schneller und sicherer der Taschenrechner." Ich stellte also mein Bemühen, korrekt und exakt zu rechnen, das bei mir ohnehin nicht stark ausgeprägt war, vollends ein. Heute haben wir noch viel leistungsstärkere Rechner und KI-Programme, die einem quasi das mathematische Denken völlig abnehmen und auch die Denkschritte übernehmen, die man mit einem Taschenrechner noch machen musste. Das mag ein Grund für die zunehmende Matheantipathie in den Schulen sein.

Überhaupt wird einem heute alles an geistiger Anstrengung von den technischen Medien abgenommen: Das Rechtschreibprogramm nimmt einem das Erfordernis zur Beherrschung der Orthografie ab, das Erfinden von Spielen und deren evozierte Kreativität wird durch Computerspiele ausgetauscht und das Fernsehen beraubt dem Menschen die letzte Möglichkeit und Notwendigkeit sich eine eigene Meinung zu bilden: Die Talkshow ersetzt das politische Gespräch in geselliger Runde, wie einen Stammtisch. Das optisch-auditive Empfangsgerät sorgt auch für eine Tagesstruktur, die wir, wenn wir keine mehr haben, nicht mehr selbst gestalten müssen. Wir können und müssen im Prinzip gar nichts mehr tun, als morgens den Fernseher anzustellen und mittags „Punkt 12" die Raviolidose zu öffnen, die wir uns nicht jagend erworben, sondern allenfalls im Supermarkt eingekauft haben müssen. Das Geld wird monatlich überwiesen und man muss auch nicht mehr zur Bank gehen, da man schon fast überall digital zu bezahlen vermag und

Homebanking inzwischen zum finanztechnischen Standard gehört. Eine größere Wohnung und Druck-Erzeugnisse sind ebenfalls überflüssig geworden. Man liest seine Bücher über das Smartphone oder auf einem E-Book-Reader, man braucht auch keine Konzerte oder Plattenläden mehr aufzusuchen. Steckt alles im Handy und die Gesundheits-App zeigt uns an, wann wir mal wieder joggen gehen und wie lange und wie viele Kalorien wir dabei verbraucht haben müssen. Sie nimmt uns so das Rechnen und das Planen ab. Einsam hocken wir in unserer „Bauhausschuhschachtel“, auch Wohnung genannt, und wenn es uns nach Geselligkeit zumute ist, gehen wir ins Café, um uns dort hinter unserem Laptop zu verschanzen, da wir Menschen in unserer Anonymität verbleiben wollen und uns Sozialität quasi als seelisches Hintergrundrauschen scheinbar genügt, ja angenehmer und sicherer als jeglicher „risikobehafteter“ Fremdkontakt ist.

Der Mensch von heute leidet unter einem Entzug des Lebens und des Sozialen, auch durch die Medienwelt, was Günther Anders „Matritze“ nannte. Das Leben ist somit von Langeweile und Einsamkeit bedroht.

Ähnlich verhält es sich in der Fußgängerzone beim Volkssport „Shopping“. Distanzierte Menschen generieren Sinn, indem sie etwas kaufen und lassen sich durch die Menge gleiten, was zumindest für den Moment nicht langweilig ist. Es ermöglicht diverse Beobachtungen, wenn man den anderen in der Menge quasi plötzlich auftauchend und wieder verschwindend begegnet. Im Zeitalter der Langeweile wirkt so ein reiches Gaukelspiel der Sinne als Gegengift. Es geht darum, die Zeit nicht zu spüren. Ob wir etwas zum Anziehen benötigen oder nicht, ist beinahe egal. Denn, wenn wir ein Produkt nicht brauchen, wird es „brauchend gemacht“ und es wird scheinrational das fünfte weiße Hemd geshoppt, weil wir ja einer pseudorationalen Argumentation folgend am Wochenende auf einer Hochzeit eingeladen sind. Wir kaufen das Handelsgut auch, weil es günstig ist oder die Ware uns im Schaufenster so freundlich-modisch anlacht. Das Irrationale wird nachträglich validiert und dadurch als rational ausgegeben. Wir gehen mit einer vagen oder gar keiner Vorstellung eines Konsumwunsches aus Zeitvertreib in die Fußgängerzone. Erst dann finden wir heraus, was wir haben wollen: „Come in and find out!"

Der technisch regredierte Mensch ist einsam und befindet sich nach Heidegger „zunächst und zumeist" im Modus eines „fahlen Ungestimmtseins", welches man in Anlehnung an eine paradoxe Formulierung Kants als Zustand des ‚glücklosen Glücks' bezeichnen könnte. Abends sitzt man vor seinem Rechner und bestellt per Internethandel nicht immer nützliche Dinge. Auch hier verhält sich der Konsum irrational: Wir erwähnten bereits, dass die Paketflut also nicht nur ein Ausdruck von Praktikabilität und Bequemlichkeit ist. Dahinter steht das allgemeine Problem der Vereinsamung, in dem die Technik die Rolle des Teufels übernimmt. Man kann hier einen Zirkel konstatieren: Technik führt zur Entfremdung und Entfremdung wiederum zur Technik. Ähnliche Gedanken findet man bei Neil Postman, Jean Baudrillard und Theodor W. Adorno.

23 Brillenschlange

66 % der Deutschen benötigten 2019 eine Sehhilfe. Lauter Kurzsichtige bevölkern die Welt. Ohne Brille könnte man sie gar

nicht erkennen: Lauter Brillenträger sind heutigentags unterwegs. Das Wort „Brillenschlange", das noch in meiner Jugend in den Köpfen der Menschen herumgeisterte, ist heute perdu.

Es veranlasste mich dazu, trotz bestehender starker Kurzsichtigkeit in der weiterführenden Schule keine Brille zu tragen, denn Kontaktlinsen waren zu Anfang der 80er-Jahre für Kinder nicht gebräuchlich und späterhin verdrängte ich das Thema, das böse Wort im Ohr und erhielt meine erste Sehhilfe erst mit einundzwanzig.

Heute gilt es indes als intellektuell und schick, also stylish, eine Brille zu tragen. Das Aussehen wird nach heutiger Einschätzung mit Brille eher aufgewertet, als dass eine Abwertung mit ihr erfolgen würde (siehe als jüngste Beispiele Friedrich Merz oder Jan Josef Liefers). Die Brillenträger*innen gelten im Zeitalter der Verblödung als „tuff", „hipp" und „nerdig" und „cool", zumal sich das Design an die Gesichter angepasst hat und nicht umgekehrt wie früher (entweder zu groß oder zu klein). Die neue Einstellung zur Brille resultiert auch einfach daraus, dass es immer mehr Brillenträger gibt, was von den Smartphone-Gewohnheiten herrührt, ständig etwas aus kurzer Entfernung lesen zu „müssen". Die neue Kurzsichtigkeit und die damit einhergehende Umwertung aller Schönheitswerte kommen also wohl eher nicht vom Bücherlesen (wenngleich es in Book-Tok-Zeiten zu einer Renaissance des Buches unter Jugendlichen zu kommen scheint). Die jungen Leute nutzen ihr Smartphone so hochfrequent, dass Alltagsbeobachtungen wegfallen. Da diese ausfallen, verstehen viele keine anspruchsvollen literarischen Bücher mehr, mögen sie durch ihre Brille auch noch so klug aussehen. Die Brille wurde zu einer Vignette der heutigen Zeit: von außen schlau, von innen mau.

24 In der Boutique

Ich stehe in einem Bekleidungsfachgeschäft, altmodisch auch Boutique genannt, und warte auf meine Begleiterin, die gerade einen Pullover in einer der drei Umkleidekabinen anprobiert. Der „Herrenstuhl" ist bereits besetzt. Ein junger Mann sitzt dort und wischt gelangweilt an seinem Handy herum, was darauf verweist, dass uns auch mit Handy langweilig sein kann. Auch mir ist es langweilig, da hier jeglicher (be-)deutsame Reiz fehlt und ich auch nicht zum Denken angeregt werde. Wie ich so zerstreut dastehe vor dem Umkleidekabineneingang, hält sich mein gelangweilter Blick an einer Fotografieserie fest. Was wollen die Boutiquebetreiber mir mit diesen Fotografien aus den 30er-Jahren des 20. Jahrhunderts sagen, die Leute bei der (oftmals beschwerlichen) Arbeit zeigen? Schwere und gefährliche Arbeit als ausgestelltes Okapi mit kuriosem Seltenheitswert? Die Fotografie mit den Pause machenden Hochhausarbeitern darf also nicht fehlen: Arbeit als exponierte Folklore im Konsumparadies? So könnte man es auch deuten. Mein Blick fällt von dem Fotoarrangement auf die Gummibärchen am „Herrensitz". Dann habe ich genug gesehen, wie ich finde, und ziehe schließlich mein Smartphone aus der Tasche. „Jetzt kann mir die Zeit nichts mehr anhaben", denke ich triumphal. Jetzt habe ich ganz im Gegenteil die „Qual der Wahl". Soll ich etwa meinen Kindle einschalten und an dem Buch über die Kritische Theorie weiterlesen oder schaue ich mal in den sogenannten sozialen Netzwerken vorbei, in der Hoffnung, nicht etwas zu versäumen? Bis auf das Lesen ist all das in der Regel überflüssig. Man „unter"-hält sich mit dem Austausch kurzer Statements. Es wird gepostet und somit getratscht, immer einer ausgemacht, über den hergezogen wird. Die neue Währung, in der das Glück ausgezahlt wird, heißt „Like", also Aufmerksamkeit. Nach dem Motto: „Ich falle auf, also bin ich (wichtig)." Da heute *alle* auffallen wollen, ob klug oder dumm, ist ein „Like" dasjenige, was alle erheischen wollen. Alle wollen bewundert werden, aber nur wenige begnügen sich damit, die Rolle des Bewunderers einzunehmen. Selbst der Bewunderer bewundert heute aus narzisstischen Gründen. Er sagt sich: „Ich bewundere Dich so, wie ich das Bewundertwerden mag." Oder: „Ich bewundere Dich nur, wenn Du mich auch bewunderst!"

Fern sind die Zeiten, als es nur einerseits den Literaturkritiker und andererseits das bisweilen bewunderte und erhöhte Objekt des Autors gab. Der Kritiker ist freilich heute selbst auch Autor, der so nicht mehr die Rolle des singulären Bewunderers einnehmen möchte, sondern wie Thaddäus Tentakel aus der Kinderserie „SpongeBob Schwammkopf" mehr oder weniger gelungen zu höheren Weihen strebt: zum Bewundertwerden.

25 Baudelaire

Charles Baudelaire war ein Visionär der Moderne. In dem Aufsatz „Der Maler als Dichter" schreibt er davon, dass man quasi die Schnecken zertreten müsse, da sie zu langsam („und schleimig") seien. Damit hat er einen modernen Nerv getroffen und ihn gleichzeitig quasi bewusst ironisiert. Diese moderne Ungeduld und Unbarmherzigkeit mit dem Langsamen (und Hässlichen), wie man sie auch nennen könnte, hatte sich zunächst nur bei Baudelaire und einer künstlerischen Avantgarde manifestiert, bevor sie im Zeitalter der technisch-temporären „Beschleunigung“ (Hartmut Rosa) sich zu einem Lebensgefühl der auch ästhetischen Ungeduld aufgrund eines Gehetztseins für jedermann ausgewachsen hat. Immer mehr Handlungseinheiten müssen in die invarianten vierundzwanzig Stunden eines Tages gepackt werden.

Und die IT-Welt trägt mit der Verringerung und Vereinfachung der Übertragungswege von Informationen zu diesem Zeitgefühl der überforderten Akzeleration, die mit Ungeduld einhergeht, mit bei. „Man“ schreibt keine Briefe mehr, sondern E-Mails oder nutzt Messengerdienste, die die Information binnen Sekunden übertragen, egal wohin. Außerdem hat sich durch IT-Anwendungen das Arbeitstempo erhöht und die Arbeitsabläufe wurden verdichtet und die Kontrolle über diese, privat wie beruflich ebenfalls verschärft. Ständig droht uns, zumindest gefühlt, dass wir eine Sache verpassen. Da sich die fernschriftliche Nutzung von elektronischer Kommunikation erhöht hat, ist es auch erst möglich geworden, dass sich das Private mit dem Beruflichen immer mehr vermengt. Überhaupt scheinen wir immer mehr rastlos zu schwimmen, seitdem wir Smartphone, PC und Co. zur höchsten Handlungsinstanz gemacht haben.

Und was wir überhaupt nicht ertragen können in der digital evozierten Hetzewelt ist, wenn ein Rechner zu „langsam“ ist. Wenn der Computer eine Schnecke wäre, hätten wir ihn längst aus Ungeduld zertrümmert oder je nachdem nach Baudelaire „zertreten“. Diese technische Beschleunigung überträgt sich auch auf andere Phänomene wie den Straßenverkehr. Wir könnten vor Wut ins Lenkrad beißen, wenn vor uns ein Trecker auftaucht und „zu langsam“ ist. Aus dem gleichen Grund kommt es u. a. auch wohl zu verbalen Entgleisungen im

Internet. Wir sind ungeduldige Ästheten geworden. Die Welt dreht sich außerdem einfach zu schnell und irgendwo und das auch noch weitgehend anonym, muss man die aufgestauten Emotionen ja herauslassen, die nicht selten ästhetisch, also geschmäcklerisch motiviert sind.

Die Nachcoronazeit hat zu einem Reset der Beschleunigung (dem Dasein im Hamsterrad) geführt, nachdem es in der Krise zu einer partiellen Entschleunigung gekommen ist. Wir sind entweder bei einem plötzlichen Langsamwerden der Räder des Hamsterrads aus demselben geschleudert worden oder haben unsere Schrittfrequenz zumindest reduziert. Immer noch sind wir freilich auch nach Corona in der IT-Welt verhaftet und ein positiver Lernprozess hinsichtlich des Konsums scheint nach Corona nicht nachhaltig genug gewesen zu sein. Als der Kapitalismus gänzlich wieder hochgefahren wurde, erhöhte sich auch schon die Schrittfrequenz. Und zu Sommerzeit nach Corona waren die Geschäfte wieder so voll, als hätte es ein tödliches Virus nie gegeben. Der Ästhet hatte wieder Oberwasser.

26 Technische Umwelt als Krankheitsfaktor

Wir sind für die statisch-technische Umwelt, in der wir leben, nicht gemacht. Die Technik als krank machender Umweltfaktor brach Ende des 19. Jahrhunderts mit dem Siegeszug der Industrialisierung über uns herein. Eine der ersten seelischen Reaktionen auf das Pathogene der technischen Umwelt war der Expressionismus und der diesen nihilistisch übersteigenden Dadaismus.

Edvard Munchs berühmtes Bild „Der Schrei“ ist symptomatisch für expressionistische Dünnhäutigkeit, die (noch?) nicht an eine technische Umwelt angepasst ist und sich in dem Sinnbereich der „Naturnatur“ bewegt. Wenn ich bestimmte Neuroleptika *nicht* einnehme, geht es mir wie der Person auf dem Bild. Ich habe allerdings keine Angst, aber die sinnliche Welt stürzt auf mich ein, wenn die Filterfunktion ohne Medikamente außer Kraft gesetzt ist. Ich fahre schreckhaft zusammen, wenn irgendwo ein Rollladen hochgezogen wird und nehme besonders technische Störungen wahr, die mein Innenbewusstsein „zertrümmern“, wie es nach Walter Benjamin für Kunstwerke und ihre „Aura“ angesichts neuer Medien der Fall ist. Schon ein tropfender Wasserhahn kann mich dann aus der Fassung bringen. Die meisten Menschen sind inzwischen an die (ihre) technische Umwelt angepasst, jedenfalls bewusst. Unbewusst sind sie aber Lärmemissionen ausgesetzt, die sie nicht verkraften und „stressen“, was depressive Spätfolgen haben kann (siehe II 8). Hier sind „Spätfolgen“ der Industriegesellschaft zu verzeichnen, nicht so sehr beim Impfen gegen Covid-19.

27 Ein auratisches Verhältnis zur Technik

Es gibt aber auch noch die analog-technikbegeisterten Schrauber und Tüftler, die stundenlang mit der Herstellung oder Optimierung von technischen Apparaten beschäftigt sind. Zumeist sind das analoge technische Artefakte, die sie bearbeiten und die ihnen Lebensfreude bereiten. Technik hat hier noch etwas

Autochthones, Verstehbares und Auratisches. Dennoch kann man anmerken, dass man (und frau) aus einer Nichtbeschäftigung mit Geist und/oder einer beruflich bedingten Anpassung an das System wohl die Beschäftigung mit Kultur, die hier zur Bekämpfung von Langeweile naheliegend ist, ausgetrieben wurde. Da einem nach einem langen Berufsleben, als sagen wir Ingenieurin oder Ingenieur jeglicher Feinsinn, sofern vorhanden, ausgetrieben wurde, ist man also so sehr auf technische Apparaturen und deren mechanische Handhabung erpicht, dass man angesichts eines „beschädigten" Lebens in der Anpassung an die heutigen technischen Umwelten wie das berühmte Zirkuspferd nichts anderes mehr vermag, als im Kreis herumzulaufen. Allerdings: Jeder kann machen, was er will. Die Frage ist nur, ob man wirklich frei handelt, wie (für den Tüftler) angenommen oder ob man dem kapitalistischen Zwangscharakter erliegt, der einem eine ökonomisch-technische Spezialisierung oktroyiert. Eine pragmatische Umgangsform mit Technik ist, neben dem Tüfteln und Schrauben, ein quasi pragmatisch-kreatives Verhältnis zur Technik, das sich darin niederschlägt, dass man technische Gerätschaften ad hoc repariert, indem man etwa den defekten Besenstiel durch einen alten Skistock ersetzt. Dieses auratisch-kreative Verhältnis zur Technik ist uns heute weitgehend abhandengekommen, was an der „Intransparenz" digitaler Technik liegen mag. Wir verstehen das meiste nicht, womit wir täglich technischen Umgang pflegen. Wir haben uns ein paar Handgriffe angeeignet, mit denen wir die zumeist digital gesteuerten Maschinen bedienen können. In den seltensten Fällen können wir aber Hardwarefehler selbst beheben, so wie der Pragmatiker früher eine Strumpfhose als Keilriemen für einen Motor verwendet hat. Auch deshalb kommen wir uns immer überforderter und dümmer vor, da uns die Technik über den Kopf wächst.

28 Rezeptwissen und Vergessen

Computerwissen ist für die meisten also ein Rezeptwissen, das sich mit der Zeit deshalb auch verliert, weil man i. d. R. nicht immer „am Ball bleibt", es kein nachhaltiges Wissen ist, das man durch Nachdenken, sondern durch Auswendiglernen und ständiges Üben erwirbt und erhält, weswegen ich es immer wieder vergesse, da es eben technisches (deklaratives) Wissen ist, das auf meiner auf Dynamik und Kreativität ausgerichteten Gehirnfestplatte keinen Speicherplatz findet. Für Mediziner und Juristen scheint hier schon eher dafür ein Depot vorhanden zu sein. Naturwissenschaftliche und zergliedernde Intelligenz kann eher mit einem Wissen umgehen, das quasi nur auf Logik aufbaut und das lediglich abrufbar sein muss, um zu dem gewünschten Ergebnis einer technisch-digitalen Anwendung zu kommen. Ich begreife Computerwissen so wie naturwissenschaftliches Wissen nur peripher. Es gibt hier auch nichts zu begreifen im geistigen Sinne, also mit Hans-Georg Gadamer und Wilhelm Dilthey entweder eine Wahrheit zu entdecken, also zu „verstehen" oder eine Methode anzuwenden und somit zu „erklären". Grundlegend-metaphysisch auslegbar war beispielsweise die naturwissenschaftliche Theorie über die „Entstehung der Arten" von Charles Darwin. Ansonsten versteht man die Natur als Naturwissenschaftler in der Regel nicht grundlegend, also metaphysisch, sondern empirisch über mathematische und chemische Modelle, die ohne (nach Husserls Krisisschrift) „lebensweltlichen Bezug" auskommen müssen. Auch das hatte wie Darwin weitreichende Folgen.

29 Besserwisserei

Der „Besserwessi“ belehrte zu Beginn der 90er-Jahre den „Jammerossi“. Ein Besserwisser ist der Mann der Schöpfung auch hinsichtlich des Fußballbundestrainers. Die Frau ist dieses hingegen in Hinblick auf Literatur und Hausgestaltung, für die Männer aus Sicht der Frau einfach „zu grobmotorisch veranlagt“ sind.

Ein weiteres weites Feld der Besserwisserei ist die Technik, die vor allen Dingen Männer zu ihrer ureigenen Domäne erhoben haben, auch um Frauen nicht selten zu „Opfern“ für diese, von der weiblichen Seite nicht immer gewollten Expertise zu degradieren, nicht selten auch als „Mansplaining“, also auch dann, wenn die Frau besser informiert ist als der Mann. Der technisch versierte Mann ist oft, so wie privat Mario Barth, für den technischen Support „zuständig“ sowie fürs Rasenmähen, während die Frau, nicht nur in unserem Beispiel, häufig immer noch die Hausfrauenrolle übernimmt.

Besonders gut eignet sich die IT zum Besserwissen und hier freilich insbesondere die Bedienung eines Smartphones. Auch hinsichtlich der Generation Käfer und der Generation Z plus klafft hier ein nicht selten komisch empfundenes Wissensgefälle auf: Meine Nichte muss sich immer halb „scheckig lachen“, wenn sie „unsere“ technischen Bedienungsfehler und -schwierigkeiten mitbekommt.

Doch sobald man aber über ein winziges Detail an Rezeptwissen *mehr* verfügt als der andere Digital Immigrant, schlägt die Hilflosigkeit sogleich in Besserwisserei um. Nichts scheint eine größere Freude zu bereiten, sein Können und Wissen weiterzugeben, egal, wie wenig tief das feilgebotene Wissen in der Erde wurzelt.

Jede Generation hat ihren eigenen technischen Habitus, aus dem sich ein bestimmtes Technikverständnis ableitet. Meine Nichte ist gelassen und cool und ihrer Generation entsprechend technikaffin. Mein Habitus ist der des stoischen Pragmatikers, der der Technik gegenüber aufgeschlossen ist, diese aber immer wieder als Überforderung erfährt, während mein Vater den Habitus der Angst und Nervosität internalisiert hat. Er kann so lange mit Technik umgehen, bis eine leichte Variation eintritt und er vor einem neuen Pfad des geringfügigen Andersseins stehen bleibt und er nicht weiß, wohin und wie es weitergeht, wenn er sich in einem Menü verirrt hat. Er reagiert panisch und ist blockiert. Dann kann ich, manchmal jedenfalls, mit meinem nicht einmal Halbwissen aushelfen, während meine Nichte schon über die Problemstellung lachen muss.

Dann will *ich* mein Wissen weitergeben, befinde mich aber oftmals selbst noch im Zustand der tentativen Ahnungslosigkeit und will mir die Sache, an der mein Vater scheitert, einmal nach technischer „Rezeptwissenslogik" anschauen. Misslingt dieser Versuch beim ersten Mal, was nicht selten der Fall ist, so würde mir mein Vater das Handy am liebsten wieder aus der Hand reißen, was dann auch oftmals im Gestus eines Du-weißt-es-ja-auch-nicht-Besser geschieht. Zuerst kommt das Bremsen, dann das Vollgas, dann wieder das Bremsen und so wandert das Handy von Hand zu Hand, jeder ist nun im Besserwisserrausch, die Nähe des greifbaren Ziels witternd. „Nein, gib mal her", „Ne, lass mal", so geht es hin und her, wie bei zwei älteren Damen im Café, die darum streiten, wer den Kaffee bezahlen und somit ausgeben soll. Sobald wir eine Spur Wissen haben, wollen wir es sogleich Besserwissen als die anderen, die noch im Dunklen tappen. Nur die Andeutung von Licht genügt uns und wir sind aufs Weitergeben erpicht.

30 Discofever oder das Einswerden mit der Technik

Wir wollten eins werden mit der Technik, verschmelzen mit ihr. Deshalb zogen wir los in den 90er-Jahren an den Wochenenden in die Klubs und Diskotheken und manchmal auch mittwochs, als wir noch jung waren. Wir gingen „feiern", wie es heute missverständlich heißt, so, als ob man nicht aus einem gewissen Paarungstrieb „auf die Rolle" geht, wie es im Bergischen Land heißt, sondern nur um ausgelassen zu sein, um die lahmen Flügel und Ketten des Alltages abzulegen, sich ins Getümmel zu stürzen und ganz ungehemmt zu sein und zu tanzen, so als ob Frauen akzidentiell wären und die Hauptsache wäre das Schwofen, sich in anderen Klangsphären zu bewegen und sich auch ohne Alkohol und Drogen auszusetzen, dem Discoofen. Nein, „Man"(n) ging aus in die Klubs, weil die Mohrrübe des anderen Geschlechts sichtbar reizte und geruchsweise in die Nase stieg. Oder würde man auch in einer reinen Männergesellschaft tanzen oder eben „feiern gehen" wollen, wenn man hetero ist? Die Nebensache des Tanzens wurde spätestens in den 90er-Jahren zur Hauptsache. Männlein und Weiblein „feierten" nebeneinanderher und mit dem Paarungstrieb war es nicht mehr weit her. Man tanzte sich stattdessen von der Welt überfordert in Trance zu den Technobeats. Man wollte nicht mehr nur die neben einem tanzende Frau berühren, als vielmehr einen tanzenden Stern zu gebären, eins mit dem Technostern werden, der über uns am Discohimmel prangte. Man reckte die bleichen Hände in die Höhe und es wummerten die Boxen in einem flackernden Blitzlichtgewitter. Im Bann der Nacht hatten wir wieder mal kein Mädchen mit nach Hause gebracht. Das

Nebeneinanderher war das Opfer auf dem Altar der Technik, mit der wir zu verschmelzen trachteten. Man wollte in die Atmosphäre des Technoiden eintauchen, die feuchten Hände gen Himmel recken, sich am Techno berauschen. Das Tanzen im Rhythmus des Geschlechtsverkehrs ersetzte den echten Koitus und so wurden wir alle zu technischen Knechten, die mit der Musik amalgamierten und die tatsächlichen Menschen darüber ignorierten. In dem Maße, wie die gesellschaftlich-erotische Distanz dominierte (II 2, 3), herrschte der Technobeat, der den vorläufigen Hochpunkt des 90er-Jahre-Solipsismus darstellte. Die gesellschaftlich relevante Bedeutung des Clubbing wurde den jungen Menschen im Corona-Lockdown schmerzlich bewusst. „Lieber schlecht, als sich gar nicht paaren zu können“, an dessen Stelle aber die Apotheose der Technik, also das „Feiern“, will heißen: das „Außersichsein in der Distanz“, getreten ist, die Ekstase im Tanz.

Es werden heute immer mehr Ekstaticdance-Kurse angeboten. Ich bleibe aber dabei. Das Tanzen ist heute die zur Hauptsache erklärte Nebensache.

31 „Sinnen, ohne zu träumen“

Wir schätzen Technik und unseren Lebenskomfort erst dann, wenn sie ausfallen. Wir stürzen dann von einer Möglichkeitsform der sanften, ruhigen See des unmerklichen Zustands eines Flows in den Modus des Vorhandenen. Wir nutzen die Technik unbewusst dazu, uns in einen Zustand der gehobenen Kontemplation zu versetzen. Weniger sind es Bücher oder Zeitungen, auf die wir in einer Handlungspause geschwind zurückgreifen, sondern es ist vielfach der Alltagshelfer Handy, den wir dazu nutzen, uns die Zeit zu verkürzen und im Modus der weltabgewandten Kontemplation und somit in unserer Komfortzone zu verbleiben. Was gar nicht mehr akzeptabel scheint, ist das, was Robert Walser einmal „Sinnen, ohne zu träumen" nannte, also ein versonnenes Vor-sich-hin-Pulsieren des Bewusstseins in der Welt. Dieser Zustand überkommt uns allenfalls auf Zugfahrten, wenn wir in überfüllten Zügen oder Bussen keinen Sitzplatz gefunden haben. Sobald dieser aber verfügbar ist, kehren wir erleichtert in den Modus der technikevozierten Kontemplation, also Träumerei, zurück. Weniger Menschen als früher greifen auch im Zug noch zum guten alten Buch. Aber auch das geschieht nur aus der Not der Reizlosigkeit und eines erforderlichen „nachahmenden" (Gabriel Tarde) Autonomiestrebens heraus. Denn nur eines scheint verpönt: das Vor-sich Hin-Sinnen und das zwangsläufige Ins-Gespräch-Kommen mit einem gegenübersitzenden Zugfahrgast: das Gespräch aus Langeweile, Höflichkeit oder Neugierde heraus. Zu sehr sind wir auf das chillende Nolimetangere eingeschworen, als dass wir ein im Zweifel „dummes" Höflichkeitsgespräch als Option wählen würden, das uns zudem ganz aus der Sicherheitskomfortzone des Abstands als kontemplative Monade wegführen würde. So lernen wir freilich auch keinen Partner mehr in der Bahn kennen, wenngleich hier die Gelegenheit immer noch günstiger ist als in sonstigen Lebenswelten. Aber der Drang zur autonomen Ferne und Kontemplation ist stärker. Der Homo digitalis ist nicht nur ein „Etuimensch" (Walter Benjamin), sondern nochmals ganz ein träumender Homo contemplativus geworden, wobei der Anspruch an den kontemplativ tatsächlich aufgenommenen „Content", sei es Musik oder ein Podcast immer geringer geworden ist. Wir hören Musik oder ein Hörbuch, zumeist etwas, das uns ablenkt und unterhält. Ein Grund für die gestiegene Distanz zwischen den Geschlechtern und den Menschen (siehe II 2, 3), ihr Nebeneinanderher, ist die technische Option zur Kontemplation, die uns das Handy eröffnet. Wir sind nicht zuletzt dadurch, dass der Mensch zum Visuellen neigt, zu innenorientierten und distanzierten Bildschirmmenschen geworden seit der massenhaften Nutzung des Personalcomputers. Diese soziale Ausrichtung distanziert nach außen und kontemplativ nach innen orientiert zu sein, haben wir internalisiert. Weitere Distanzformen, die unten in Teil II ausgeführt werden, gehen u. a. auf die Emanzipation der Frau, das Aufwachsen in gegengeschlechtlichen Altersgruppen, die gesellschaftliche Liberalisierung der Sexualität, also reziprok auf das Voranschreiten der Zivilisation zurück, die u. a. wiederum nach C. Wouters durch eine Informalisierung zustande kam, also einer seit dem 2. Weltkrieg ausgemachten dialektischen Zunahme der Distanz, die invers durch eine Lockerung der Verhaltensstandards ausgelöst wurde. Die Dämonisierung und Einschränkung des Rauchens und Trinkens (zur Senkung der Hemmschwelle oder Ritualisierung des Annäherungsprozesses) fällt als Ursache für Distanztendenzen dabei in die Kategorie: „sekundär".

Ein weiterer Grund für die Innenorientierung und Distanz ist nicht zuletzt die „Aufwandsvermeidung" und somit eine Kontaktverhinderung, die durch Technisierung (Fernseher, PC, Internet, Auto etc.) erreicht wird. Man hält es sehr gut mit der entsprechenden technischen Ablenkung zu Hause aus, auch und gerade in Coronazeiten. Die Langeweile wird nicht mehr allein auf den Sport und die Geselligkeit umgelenkt, um sie loszuwerden, wie ich es noch in den 80er-Jahren erlebt habe. Das

Phänomen der Geselligkeit ist auch aufgrund von Technik als Langeweilevernichter rückläufig. Umso mehr sind die letzten Gemeinschaftserlebnisse gehypt: Fußball oder allgemein Sport im Fernsehen oder Sendungen, bei denen noch hin und wieder ein Millionenpublikum zusieht, wie Casting- und Realityshows oder Verkupplungsformate. Diese Form der „Geselligkeit“ ist freilich eine indirekte und passive. Ein Gefühl der Gemeinschaft wird künstlich-virtuell hergestellt und ist eine Ersatzform des realweltlichen Ausbleibens des Kontaktes und der intimen, sozialen und der kollektiven Einsamkeit (siehe II 12). Dennoch hat die innengekehrte Distanz auch einen nennenswerten positiven Effekt: Die Menschen könnten heute „still in ihren Zimmern sitzen“ und müssten deshalb, frei nach Blaise Pascal, nun „keine Kriege mehr führen.“, was sie nicht ausreichend davon abhält, dies trotzdem zu tun. Letztlich sucht der Mensch immer einen Flowzustand, den er, hat er ihn einmal erreicht, immer wieder generieren möchte.

32 Fallhöhen

Die Technik löst heute ein seinsenthobenes Dasein aus. Die meiste Zeit verbringt der technikaffine Homo digitalis heute mit der Anwendung von Technik. Er schreibt, sieht fern, kauft ein, informiert sich, sucht nach einem Partner, virtuell und außerhalb seiner Lebenswelt. Mit den Füßen ist er aber noch fest in dem archaischen Dasein der „Naturnatur“ verankert, während er mit dem Kopf dieses zivilisatorisch transzendiert. In der Lebenswelt ist das Leben defizitär geworden, das sich immer mehr im Zeitalter der Digitalisierung virtualisiert und „in den Kopf" verlagert hat. Technik ist nun zu einem coolen Schweben in „höheren" Sphären geworden. Das hat zu der heutigen mangelnden Reagibilität und Ereigniserwartung in der Lebenswelt beigetragen. Dadurch, dass er sich meistens in höheren Sphären aufhält und der Leib vergessen wird, stürzt er dann ins Bodenlose einer psychischen Erschütterung, die uns aber aus der Not heraus kontaktfreudiger und sozialer machen kann. Dennoch wird zumeist das Distanz- oder Abstandsgebaren aufrechterhalten. Die Überbetonung des Geistes gegenüber dem Körper oder Leib führt auch zu einem Stau des Unmittelbaren, der sich so in Gewaltfantasien und Rechtsradikalismus niederschlagen und sich dort animalisch Bahn brechen kann. Wird das Tier in uns lange verdeckt, wird es geweckt. Mit Schaik und Michel meldet sich hier die „Naturnatur", auf die nicht nur Rechtsradikale rekurrieren.

Man kann auch von dem Digital-Unbewussten reden, das subkutan und kontrastiv als das der harmlosen und prüden Lebenswelt Entgegensetztes in Erscheinung tritt. Das, was in der viktorianischen Gegenwart ausgeblendet wird, kommt hier umso ungehemmter zum Zuge und zeigt sich als Pornografie und Sexdatingseite.

33 Technische Verschlimmbesserungen

„Wie cool!", sieht es aus, wenn man beschwingt über die Straße gleitet oder grooved und dabei einen kabellosen Kopfhörer trägt oder kabellose Stöpsel, die das geübtere, auf Distinktionen eingeschworene, jetztzeitige Auge in den Ohren stecken sieht. Die Kopfhörer funktionieren meiner Erfahrung nach aber nicht immer reibungslos, da das Bluetooth nicht immer ein zuverlässiger Partner in der Sache eines störungsfreien Genießens von Audioreizen ist. Außerdem kann man sich nicht sehr weit von dem Signal entfernen und muss das Handy, Kopfhörer etc. immer in Reichweite haben. Hauptsache ist, es sieht cool und etwas futuristisch aus.

Auch der seit einigen Jahren dem Buch Konkurrenz machende „E-Book-Reader" und hier insbesondere der „Kindle" von Amazon ist zum Buch eine zwar umweltfreundliche, aber in der professionellen Handhabung, was für alle Reader gilt, eher unpraktische Sache. Man kann nicht auf zufriedenstellende Weise rasch oder nach dem Zufallsprinzip in dem Buch nach vorn oder hinten blättern oder springen. Außerdem wird bei dem Kindle zumeist nur eine Prozentzahl als Orientierung angeboten oder nur die sogenannte Position, auf der man sich befindet und nicht die Seitenzahl angegeben. Zugunsten eines coolen Designs wurden bei den neueren Modellen auf Knöpfe verzichtet, was nicht immer ein Vorteil in der Handhabung sein muss, ganz im Gegenteil: Man muss immer auf dem Bildschirm herumstreichen, der „überdeterminiert" ist, was zu Fehlversuchen und einem unbeabsichtigten Aufrufen von Menüs und Funktionen führen kann, also zu einer Touchscreen-Fehlbedienung. Auch hier wurde die Coolness des Designs über die Handhabung der Geräte gestellt.

Zu den digitalen Errungenschaften und Moden der letzten Jahre gehören auch die sogenannten Smartwatches, die häufig mehr versprechen, als sie einhalten können. Bei meiner Smartwatch, die im Preissegment von 30 Euro liegt, funktioniert einigermaßen solide nur die Pulsmessung und die Zeitanzeige.

Weder die Blutdruckwerte noch die ambitionierte EKG-Funktion scheinen zuverlässig zu sein und stellen, wenn überhaupt, nur eine grobe Orientierung dar.

Auch auf dem Sektor der Mobilität ist nicht jede Erfindung ein Gold, das glänzt. Zumindest zwiespältig ist der Erfolg von E-Bikes und -Rollern, die die Unfallzahlen zunächst einmal in die Höhe haben schießen lassen. Ebenso verhält es sich mit dem großen technischen Schnickschnack (siehe I 46), der heute so etwas wie Standard auch bei niedrigpreisigen Pkw-Fahrzeugen ist. Mit „selber reparieren" kommt man da nicht mehr weit (siehe I 27). Herauszuheben als technische Verschlimmbesserung ist der „Sensorwahnsinn", der häufig zu Fehlfunktionen und falscher Datenübertragung führt. Das heißt, dass dadurch, dass man überall im Auto Sensoren verbaut, es auch leichter zu Fehlfunktionen kommen kann. Und dies geschieht hinsichtlich von Softwareproblemen, Umwelteinflüssen, aufgrund von Alterung oder Verschmutzung sowie hinsichtlich unzureichender Wartung und Kalibrierungsungenauigkeiten solcher Systeme. Je komplexer die Technik, desto anfälliger ist sie für technische Defekte.

Auch das Elektroauto ist weit davon entfernt, schon eine vollgültige Alternative für den Verbrennungsantrieb zu sein. Dafür ist das Netz an Stromaufladestellen einfach zu dünn und solange der Strom nicht überwiegend aus CO_2-armen Quellen gespeist werden kann, beißt sich die Katze Elektroauto in den Schwanz der negativen CO_2-Bilanz. Die Leute fahren heute vermutlich wegen der erhöhten Sitzposition und weil das Auto protzend daherkommt lieber hochbeinige PS-Monster (SUVs), die bislang seltener von einem Elektromotor angetrieben werden, was bei der schwereren Karosserie nicht wundernimmt. Selbst bei so ehrgeizigen und innovativen Vorstößen, wie sie die Firma Tesla in die Zukunft unternimmt, sind die Reichweitendaten bei ihren Fahrzeugen naturgemäß ungenau und einfach nur den Motor zu ersetzen, ist noch kein Beitrag zum Umweltschutz.

Mein Bekannter kommt immer stolz mit seinem „Firmenwagen", einem schwarzen Tesla aus Hamburg angefahren, den er als erste Amtshandlung mit unserem Rasenmäherkabel an das Stromnetz anschließt, was ihn nicht davon befreit, auf der Rückfahrt noch einen Zwischenladestopp in Sulingen einlegen zu müssen. Eine lange Strecke spontan und auch noch in einem ländlichen Gebiet mit einem Elektroauto zu fahren, gleicht wohl eher dem Wilden Westen und ist mehr ein Abenteuer als ein ruhiges und sorgloses Dahingleiten auf der Straße, wie wir es vom Verbrennungsmotor gewohnt sind, der freilich nicht so geräuscharm daherkommt wie ein Tesla. Insgesamt hängt die Erfahrung des Fahrens von Langstrecken mit einem Elektroauto von dem Standort und dem verfügbaren Fahrzeug ab. Das eine lässt sich schneller laden als das andere und man muss vorher die Route mit den Ladestationen ausmachen und mit Wartezeiten rechnen, die aber auch zu einer Entschleunigung beitragen können. Einen gewissen Komfort bietet ein Elektroauto mit höherer Reichweite. Aber wehe, man bleibt liegen. Das wird teuer. Wir werden in der Übergangszeit in dem Interregnum, in dem wir uns befinden, weg von fossilen Brennstoffen hin zu Akkubatterie oder anderen Antriebsformen, wieder mehr Abenteuer, durchaus auch im positiven Sinne erleben, besonders, wenn man sich in ländliche Gebiete vorwagt. Neben den Fahrzeugen und der Ladestation ist es auch die Erweiterung des Stromnetzausbaus, die langwierig und kostspielig ist und bislang nicht mit der zu erwartenden, steigenden Zahl an Elektroautos mithalten kann. Wir befinden uns hinsichtlich von Klimazielen noch in einem Träumerei-Stadium.

Eine zweifelhafte Verbesserung eines technischen Settings erfuhr auch ein Parkhaus eines großen Modeladens in unsrer Kreisstadt Minden. Dort werden seit Neuestem alle Nummernschilder beim Hineinfahren abfotografiert, sodass man, so die Idee, beim Herausfahren nur noch sein Nummernschild angeben und seine Kreditkarte in den Schlitz stecken muss und das Parkgeld wird vom Konto abgebucht. Neulich funktionierte etwas mit einer Karte eines Kunden nicht, sodass sich eine lange Schlange beim Herausfahren bildete. Technik ist umso vulnerabler, je komplexer sie angelegt ist. Nach dreißig Minuten war das Problem wieder gelöst und der Verkehr rollte erst dann wieder wie gehabt. Wenn sie klappt, ist es gut, wenn nicht, erzeugt die Technik Wut und bedeutet dann nicht selten einen Pyrrhussieg.

34 Die Welt des PCs mit Heidegger II

Die teleologischen Erscheinungsformen von Welt, die Heidegger in „Sein und Zeit“ auf die Begriffe „Zuhandenheit“ und „Vorhandenheit“ gebracht hatte, lassen sich auch auf das Verhältnis Mensch/Technik beziehen. Die technischen Apparate verschwinden als Objekte in der Lebenswelt des Menschen, solange sie nicht im störenden Gebrauch zu ihm befinden. Ich kann mich ihnen wie Objekten unthematisch nähern, beispielsweise, wenn ich sie sauber mache und sie so quasi nur vorhandene Staubfänger sind. Zuhanden werden die technischen Objekte erst, wenn ich zum Beispiel meinen PC hochfahre. Ich gebe den vierstelligen Code ein und schon öffnet sich das

Feld mit den wenigen von mir gebrauchten Apps. Ich schaue zwanghaft nach den Mails, ohne große Erwartung, aber immer neugierig, ob sich in meiner Abwesenheit etwas getan hat. Ich lade „Word" hoch und fange an zu schreiben. Nun verbringe ich die ganze Zeit über in einem angenehmen Flowgefühl. Die Computerwelt ist mit Heidegger, sofern sie verfügbar ist und keine Unterbrechung des Flows erfolgt, eine zuhandene. Doch auf welch wackeligen Beinen steht dieses Momentum des seelischen Fließens? Wie leicht stürzt ein Programm ab!

Neulich hatte ich Probleme mit den „Markups". Ich hatte versehentlich die roten Linien in meinem Text eingeschaltet, was dazu führte, dass das Programm immer wieder abstürzte. Wo kamen nur diese roten Markierungslinien her? Und wie bringe ich sie zum Verschwinden? Nach langem Suchen bin ich auf die richtige Fährte gestoßen. Jetzt wusste ich endlich, wie man sie ausstellt. Es kann aber auch sein, dass, wenn man sich einmal vertippt, ein unerwünschter Programmmechanismus ausgelöst wird. Es kann gar passieren und ist mir auch schon oft passiert, dass ich bei dem Drücken einer unglücklichen Tastenkombination aus Versehen ganz aus dem Word-Programm „geschmissen" werde. Auf einmal, so kann es leicht passieren, und der ganze Text ist weg, was immer ein Schockmoment ist, auch wenn man ihn wieder neu öffnen kann, freilich zumeist mit der Möglichkeit der Wiederherstellung des Textes ohne Datenverlust. Ein Schreck ist es dennoch immer wieder.

Nachdem ich mein Tagewerk vollbracht habe, schaue ich dann meistens, so wie ein Sportler nach dem Wettkampf noch etwas ausläuft oder um etwas herunterzukommen, im Internet vorbei und treibe mich ein wenig in sozialen Netzwerken herum. Hier kann es sein, wenn ich die Sache nicht rechtzeitig beende, dass ich in den von Heidegger beschriebenen „Modus der Uneigentlichkeit“ gelange, indem ich mich zunehmend verliere und dem müßigen Schauen im Modus der „Zerstreuung“ erliege.

Dem müßigen Sich-Verlieren und -Schauen zu erliegen, das ist wohl der ontologische Zustand, in dem sich die arbeits- und freizeitmäßige zerstreute Hinwendung zum digitaltechnischen Artefakt vollzieht. Also erleben wir die Tätigkeit am Rechner entweder getragen-kontemplativ oder aber wir erfahren diese Situation als Abkehr vom Seelisch-Fließenden hin zur Zerstreuung, was Heidegger „Verfallenheit“ nannte. Das Anmeldeverfahren für die Corona-Impfung im Frühjahr 2021 war ein Beispiel für ein prädominant werdendes Gefühl, dem Objekt Computer hilflos-vorhanden gegenüberzustehen. Es bedarf eines Beharrungsvermögens. Immer größer wird dann das Zerstreutheitsgefühl, das desto mehr anschwillt, je mehr wir in den Modus der „Verfallenheit“ im Modus der „Uneigentlichkeit“ geraten und umso nichtfließender geht es in der Welt zu. Wir können diese Vorhandenheit und die innerlich wachsende Entseelung nur aufhalten oder konterkarieren, indem wir uns von der Vorhandenheit lösen und das zunehmend innerlich Gefrierende bestenfalls liegend und lesend „wegmeißeln“, bis wieder ein klarer „innerer Blick“ möglich ist. Weniger wird uns in diesem Fall ein „Vorlaufen zum Tode“ zur Eigentlichkeit verhelfen, wie von Heidegger vorgeschlagen. Wie eine Figur des Zeichentrickfilms verflüssige ich mich immer mehr, knicke seelisch ein, im Angesicht des Vorhandenen. Ich durchlebe fast eine Art katatonen Zustand der Lähmung, aus dem mich nur das horizontale Buchlesen aufweckt. Kafka sprach anschaulich „vom inneren Eis“, dem es mit der „Axt der Literatur“ entgegenzuwirken gilt. So manch einer hat eine zähe Beharrungskraft im „Draußen“, ohne ein Handwerker sein zu müssen. Solch ein außengeleiteter Mensch kann stundenlang problembezogen vor sich hin grübeln und handelt „draußen“ und in Bezug auf Dinge mit Bedacht, während ich ganz pragmatisch und schnell die Möglichkeit mit dem geringsten Widerstand suche und in-der-Welt nicht systematisch vorgehe, da ich sie möglichst schnell wieder verlassen möchte, um mich bei einer Lektüre geistig aus dem Eis der Erstarrungsentfremdung zu lösen.

35 Nichts für Leute mit schwachem Gedächtnis

Nichts ist so flüchtig und überfordernd für das Gedächtnis wie Computeranwendungen, zum Beispiel, in Word. Man muss sie beständig abrufen, um sie nicht zu vergessen und da, wo sie nicht ständig in Gebrauch sind, sagen wir nach einer halbjährigen Pause, die Wahrscheinlichkeit beträchtlich ist, dass man die einzelnen Schritte vergessen hat. Bei dem einen klappt das besser als bei dem anderen. Insgesamt muss man wohl zwischen einem sensorischen, einem Kurzzeit- und einem Langzeitgedächtnis differenzieren. Das Langzeitgedächtnis unterteilt sich wiederum in ein prozedurales, ein semantisches, ein episodisches, ein autobiografisches und ein prospektives Gedächtnis. Daneben gibt es noch die seltene Form des fotografischen Gedächtnisses. Ein Faktengedächtnis (semantisches Gedächtnis) ist durch stark repetitive Akte ohne tieferes Verstehen von Zusammenhängen gekennzeichnet. Das prozedurale, autobiografische, emotionale und teilweise auch das sensorische Gedächtnis sind hingegen eher verstehende Gedächtnisformen, die seelische Verstehenszusammenhänge umfassen können. Man spricht auch vom impliziten Gedächtnis. Das geisteswissenschaftlich-seelische Gedächtnis ist fließender und plastischer („schwebender") als das Memorieren und knallharte Repetieren von Fakten und Sachzusammenhängen, wie es das explizite Gedächtnis erfordert. Wer über ein solches faktisch-deklaratives Gedächtnis verfügt, ist in Bezug auf Computerwissen also klar im Vorteil. Das Computerwissen geht für viele nicht nur schwer in den Kopf, es besitzt auch weniger Nachhaltigkeit. Ein Malus der heutigen Computeranwendungen sind ihre Auswahlmöglichkeiten, die zu komplex und mit zu vielen Optionen versehen sind, sodass man nur einen Bruchteil benutzt, so wie man nur einen kleinen Teil des Gehirns überhaupt nutzt. Es bedarf einer professionellen Einweisung, um mit „Word" umgehen zu können, obwohl die reine Textproduktion kinderleicht ist. Das Wissen zerbröselt aber für die meisten mit der Zeit und löst sich im Fluss der Lethe auf, wenn man es nicht beständig anwendet.

36 Nicht-Beherrschung von Technik als andere Seite der Coolness

Nicht zuletzt, da wir mithilfe von Technik in einem zukunftsidealen Status quo leben und uns emotional in einer Technikutopie bewegen, in die wir aber nur noch hineinwachsen müssen, erfreut sich das Adjektiv „cool" und sein substantiviertes Pendant, die „Coolness" nach wie vor einer großen Beliebtheit. Denn: das Neue, zu dem die Technik zählt, ist begehrt und somit „cool". Hier haben wir den Konflikt zwischen cooler Techniknutzung und -beherrschung und der faktischen Tatsächlichkeit einer animalischen Verankerung in der Natur, die unser Handeln und Dasein tiefgehend bestimmt. Es lässt sich zwischen Coolness als Desiderat des Gehobenseins und dem faktischen Gewühl in einer U-Bahn zu Stoßzeiten als tatsächlich alltägliches „Dasein" unterscheiden. Es ist der Grundkonflikt unserer Zeit, einerseits in höheren Sphären zu schweben, anderseits einen hungrigen Leib, der auch nach Sex und Rivalität dürstet zu haben. So smart und gut, wie es die Smartphonewelt suggeriert, wollen und sollen wir erst noch werden. Coolness ist also ein Versprechen von Zukünftigkeit, das erst in einigen Jahren, wenn überhaupt, eingelöst werden kann. Vielleicht drückt diese Dichotomie auch einen generellen Konflikt zwischen vorauseilender Technik und träger Lebenskräfte aus, worauf schon Wilhelm F. Ogburn mit dem Begriff „kulturelle Phasenverschiebung" hingewiesen hat. Vielleicht befindet sich die Menschheit grundlegend in diesem Dilemma zwischen dem Vorpreschen der realen Technik und der nachträglichen Semantik und der Beharrungskraft des Noch-nicht-so-weit-Seins der Menschheit. Ein progressives allmähliches Zusammenwachsen zwischen technischer Zukunft und der „Faktizität" des allzumenschlichen „Daseins" des Heute steht noch aus. Möglicherweise ist es auch einfach ein dialektisches Prinzip, quasi ein Entwicklungsgesetz der Geschichte (siehe II 4).

37 Mitteilungsbedürfnis

Die Kommunikation ist heute aus sechs Gründen defizitär:

Die Semantik ist erstens nach Niklas Luhmann hinsichtlich der Gesellschaftsstruktur nachträglich. Die Kultur ist noch nicht nachgewachsen. Das heißt, wir leben in einem technischen und weltkriselnden Bewusstsein, das uns und einer Deutung der Welt voraus ist. So kam es erst mit Verzögerung zu einem Austausch über die Weltkriege in den 60er-Jahren, dem ein lockerer, kommunikativer und ironischer Ton folgte. Heute leben wir nach dem Einschnitt, der durch die Technik am Ende des Jahrtausends einsetzte und durch ein weltgeschichtliches Krisenbewusstsein ausgelöst wurde, wieder in einem unverarbeiteten Zustand der semantischen Hemmung. Und so kommt es, dass aus dem zunächst ernst-kommunikativen Menschen der 60er- und 70er- und dem ironisch-kommunikativen Menschen der 80er- und 90er-Jahre ein wenig offener, gehemmter, nicht auskunftsfreudiger Mensch der Gegenwart wurde. Komplexes technisches und weltpolitisches Geschehen bleiben in der alltäglichen „Rede" ausgeklammert. Nur wenige Worte verliert man, wenn man einem anderen Hundehalter auf dem Gassigang begegnet. Ein Gespräch hat heutzutage oftmals die Tendenz zu zerfallen. Nur noch ganz naive oder „natürliche" Menschen, die bewusstseinsmäßig noch in der Phase der Weltkriegssemantik leben, reden „frei von der Leber weg" und gerne. Zweitens kann man formulieren: Nicht nur das Mitteilungskönnen ist stagniert, sondern die Bereitschaft, quasi auf der Straße und über den Gartenzaun ein alltägliches Gespräch zu führen, hat abgenommen. Das „Man" im Sinne Heideggers ist uns peinlich geworden. Und deshalb wandelt man lässig-zurückhaltend an den anderen Menschen kontaktscheu vorbei und ist froh, wenn man in keine Alltagskommunikation verwickelt wird, die drittens im Vergleich zu digitaler Kommunikation eben mündlich ist und eben auch deshalb als unzulänglich und gefährlich-unberechenbar gilt. Man weicht außerdem viertens dem Sozial-Ereignishaften intuitiv aus, denn es könnte ja sein, dass man seine gemütliche Distanz und Komfortzone aufgeben muss und sei es nur darum, jemandem seine Hilfe anzubieten. Lieber vermeidet man das Soziale, wo es nur geht und kommt dadurch auch weniger ins Gespräch. Es wird fünftens stattdessen über andere Kanäle kommuniziert, hauptsächlich im und durchs Internet, weswegen sich die lebensweltliche Kommunikation verringert hat. Auch da wir uns überwiegendenteils in modernen Lebenswelten mit Kopfhörern bewaffnet im Internet aufhalten und „streamen", haben wir uns in der Lebenswelt nichts mehr zu sagen. Stummen Lemuren gleich wandeln wir achtlos durch die Welt, der wir fraglos gegenübertreten (sechstens).

Um auf die Eingangshypothese zurückzukommen: Das, was zu sagen wäre, zeigt sich nicht mehr, auch, da es zu komplex für ein technisches und weltgeschichtliches Gegenwartsurteil ist. Wovon man auch historisch nicht sprechen kann, darüber muss man schweigen.

38 Smartphone = Kette der Freiheit

Ich fühle mich unfrei und unbehaglich, wenn ich mein Handy *nicht* dabeihabe. Früher war es eher andersherum: Ich fühlte mich *ohne* Handy frei. Der Draht nach Hause wurde scheinbar gekappt, wenn ich einen Nachmittag im Provinzdschungel Bielefelds verbrachte und ich nicht angerufen und aus meinen Tagträumen gerissen werden konnte. Heute, wenn ich mit meinem Smartphone in das etwa 50 Kilometer entfernte „Bielefeld" fahre, gibt es mir ein wenig Sicherheit und das Gefühl, angebunden zu bleiben an die Existentia und es dient zuletzt auch manchmal als Orientierungshilfe. Die Welt wird quasi verfügbar und ich habe nicht das Gefühl, dass sie an mir vorbeirauscht, wie sonst in der Bahn die Landschaft, sondern ich trage sie bei mir als Taschencomputer. Man ist draußen und „außen vor" ohne Smartphone, so jedenfalls will es nach Heinz Bude das allgemein verbreitete ängstliche Lebensgefühl. Man kann ohne Smartphone nicht Google Maps nutzen oder mal kurz nachschlagen, ob das angesteuerte Lokal heute Ruhetag hat und welche Bahn wann fährt. Ich gebe einen Fetisch auf, wenn ich das Handy zu Hause lasse. Vielleicht ist dieses der letzte Halt, die Netzverbindung in einem Zustand fortgesetzter Erosion der auf uns zukommenden Bodenlosigkeit eines umweltkatastrophalen Lebens? Das Smartphone als Teddybär auch für Erwachsene, der in der Angst bemüht wird, da der Achterbahnwagen langsam auf die nächste turbulente Fahrt zurollt?

39 Technik und der große Rückzug

Das überfordernde Leben im 21. Jahrhundert ist ungeachtet der unsichtbaren Gefahr, die immer noch von Pandemien ausgeht und einer sich voraussichtlich beschleunigenden Erderwärmung sowie dem Aufbrechen zahlreicher Krisenherde immer eindimensionaler und „indiverser" geworden. Das wurde nicht zuletzt durch einen zivilisatorischen Fortschritt (I 22) und eine technische Evolution erreicht. Es gilt für Handlungsoptionen, innerhalb derer sich „das Leben" abspielt und nicht nur für den Bereich Politik (Herbert Marcuse) oder Medien (Jean

Baudrillard). Wir Erwachsenen haben die Arbeit, eventuell Familie, Urlaub, Sport und das Grillen. Das alles spielt sich vermehrt im privaten Raum ab. Wir machen es uns mit unseren immer größer werdenden Flachbildschirmen gemütlich und schauen Serien über die Streamingdienste Netflix, Amazon und Co. an. Obwohl man Hunderte Programme empfangen kann, schaut man als Mainstream-Mensch samstags, wenn überhaupt, Mainstreamsendungen an wie DSDS oder anderen TV-Trash, den die Masse begeistert, der aber ein Teilhabegefühl erzeugt. Der Medienkonsum von Jugendlichen und Erwachsenen ist seit der Pandemie gestiegen. Ob sie deshalb wie in der Pandemie weniger „vor die Hütte“ oder „feiern“ gehen, dazu gibt, soweit ich sehe, noch keinerlei Studie Auskunft, ist aber denkbar. Neben dem gestiegenen Medienkonsum haben die Aktivitäten von Jugendlichen ganz allgemein allerdings zugenommen. Der gestiegene Medienkonsum hingegen mag der Grund für eine auch hier vorliegende Eindimensionalität sein. Da man auch hier vielfach lieber Zuhause und online ist und die Augen auf dem Display hat, findet Einkaufen im Sinne von „Shopping“ unter Jugendlichen und Erwachsenen vermehrt im Internet statt. Das Leben vor der Pandemie 2020, die als Katalysator von gesellschaftlichen Problemen fungierte, war ohnehin bei den Erwachsenen schon von Eindimensionalität geprägt und war und ist auch stilprägend für den Nachwuchs geworden. Der Mensch hat sich wie eine alternde Diva zurückgezogen, angesichts einer modernen, vorwiegend medial erfahrenen Bedrohung. Nochmals: Eine Gewitterstimmung geht durchs Land. Es braut sich etwas zusammen in einer unruhiger werdenden Weltlage. Da bleibt man lieber zu Hause. Nur durch Technik ist wiederum die auch technisch bedingte Eindimensionalität erträglicher geworden. Nicht auszudenken, wenn die tödliche Gefahr, die von der Pandemie ausging, uns schon in den 80er-Jahren erreicht hätte.

40 Response

Die technischen Medien sind dazu da, damit wir eine Response erhalten, der einem in der täglichen Lebenswelt der Spätmoderne zusehends verweigert wird. Deswegen posten wir etwas in der vagen Hoffnung, dass es irgendwo auf eine Resonanz stößt. Hoffnung auf Resonanz: Aus dem ähnlichen Grund, aus dem heraus wir im Internet shoppen, tauchen wir in die bunte Lebenswelt der Shoppingmalls und Fußgängerzonen ein. So ereignet sich etwas in einer ereignislosen privaten Welt, in der die Zeit nicht erst seit Corona stillzustehen scheint (siehe II 4). Wie ein Suchtkranker schauen wir alle zwei Minuten auf unsere Accounts in den sozialen Netzwerken, da wir auf einer Response hoffen und um die seltene Freude von Aufmerksamkeit zu erreichen. Wir weichen uns in der Lebenswelt aus. In dem Maße, wie das Soziale zerfällt, blüht es in den sozialen Medien auf, kann man resümierend nochmals festhalten. Deshalb sind sogenannte Jugendliche heute auch so schwer zu ertragen in ihrem „Außengeleitetsein" (David Riesman). Sie erhalten in ihre „Schulgefängnisse" separiert kaum „contact with livin'" (Robbie Williams), das jenseits des Unterrichtes und jenseits des Schulhofes, teilweise drohend, teilweise verheißungsvoll, stattfindet. Und so wird jeder Passant, der sich dummer- oder zwangsweise morgens an einem Schulkomplex vorbeigewagt, wie eine Sensation gefeiert. Die Jugendlichen wollen eine Response. Ihr seismografisches „Außengeleitetsein“ führt wörtlich zur üblen Nachrede und zu hemmungslosem Spott. Der Wille spielt hier verrückt. Man will nur eine Response, auch wenn diese willentlich erzwungen und gesucht ist. Überhaupt scheinen sie lediglich den Modus der mokanten Häme zu kennen, was in der Regel nicht in boshafter Absicht geschieht, sondern aus dem Hauptgrund, etwas, was in ihren optischen Radarschirm gelangt, zu kommentieren und so reaktiv eine Resonanz zu erreichen. (Ein anderer Grund mag die grundlegende Heiterkeit, Fröhlichkeit und Übermut des jugendlich-hormonellen Daseins selbst zu sein). Das Leben ist mit Hartmut Rosa „resonanzarm“ geworden, umso größer sind die Befreiungsschläge hin zur Resonanz in Internet und Lebenswelt.

41 Technik als Fremdsprache

Was Hänschen nicht lernt, lernt Hans nimmermehr. Das gilt für so einiges an Bildungsinhalten, für die Musik bzw. die Beherrschung von Musikinstrumenten und den perfekten Erwerb einer Fremdsprache oder auch für so etwas scheinbar Unerlernbares wie die Liebe. Im besonderen Maße gilt das auch für eine Versiertheit im Umgang mit technischen Apparaten. Wer es nicht von der Pike auf gelernt hat mit beispielsweise digitalen Medien umzugehen, dem bleibt die schöne Internetwelt eine unsichere und unberechenbare Quelle des Unvermögens und des Ärgernisses. Wir, mein ein Jahr älterer Bruder und ich, sind schon mit dem C-64 und dem Abtippen von Programmen groß geworden. Hier ging es aber vorwiegend um Spiele, nicht so sehr ums Programmieren oder auch um das Bedienen von digitalen Apparaten, die es damals freilich nur sporadisch gab. So wuchsen wir ohne Berührungsängste mit den neuen Medien auf. Nur bei meinem Bruder fiel dieser kaum als intensiv zu bezeichnenden Umgang mit dem PC dann später auf fruchtbaren Boden. Wir haben die ganze Entwicklung von und Atari-Spielkonsole, Commodore 64 bis zum Nintendo und Microsoft mitgemacht, bzw. nicht mitgemacht. Denn mit einem gewissen Abstand zu der PC-Welt verbrachten wir unser Jugendleben nicht hauptsächlich vor den Bildschirmen, sondern auf dem Tennisplatz. Ich studierte dann Geisteswissenschaften und war einer der Wenigen, die schon mit „Word Windows“ 1993 seine Hausarbeiten verfasste, während mein Bruder sein laxes Computerwissen in einem Informatikstudium erst dann vertiefte. So bekamen wir immer mehr Anwendungen für den Computer mit. Und so gehörten wir zu den ersten Studenten, die nicht nur privat mit Windows schrieben und sich schon einen PC leisten konnten, sondern auch auf eine elektronische Datenbank in der Bibliothek zurückgreifen konnten. Doch das Internet war für uns noch fern und klein, als wir es kennenlernten. Es gab kaum erste Anwendungen dafür, sodass wir trotz computergestützter Jugend- und Studienjahre keine „Digital Natives“ sind und waren. Noch weiter davon entfernt waren und sind unsere Eltern, die ohne PC und ohne etwas vom Lochkartensystem mitzubekommen, ihre Kindheit verbrachten und in der auratischen Phase der Technik, als sie quasi noch „nachvollziehbar“ war und sie erste Schritte ins Leben taten. Mein Vater unterschätzte die Größe, der auf ihn zukommenden Lawine gehörig, als er 1985 kundtat: „Den Computerquatsch überlasse ich meiner Sekretärin!“. Digitales Wissen ist von unseren Müttern und Vätern mühsam angeeignet worden und ist auch das, was sie am schnellsten wieder vergessen oder verlernen im Alter, zumal die technische Entwicklung nach wie vor rasant ausfällt. Sie sind nicht nur keine „Digital Natives", sie sind, je älter sie werden, auch Menschen, denen digitale Medien nicht in Fleisch und Blut übergegangen sind. Je kürzer man in einem Betrieb arbeitet, desto eher wird einem gekündigt. Ähnlich verhält es sich mit der Nachhaltigkeit von IT-Wissen. Je später man es erwirbt, desto eher zerfällt es auch wieder im Alter.

42 Techniktigersprung nach vorn: Die anderen Seiten der Pandemie

In der Coronazeit wurde das „Homeoffice" zu der Möglichkeit eines neuen technischen Modus Vivendi, der das Arbeiten grundlegend verändert hat und voraussichtlich verändern wird. Der Nachteil auch hinsichtlich des zeitlichen Aufwands von Flug-, Bahn- und Autoreisen wurde schnell erkannt. In der Pandemie wurde deutlich: Der räumliche Kontakt kann durch neue Formen der Internetkommunikation nahezu vollkommen ersetzt werden und hat sich als umweltfreundliche und entspannte Alternative zu Geschäftsterminen entpuppt. Und so eröffnete sich gerade für mittelständische Unternehmen zum Beispiel in der IT-Branche die reelle Chance, auf Mitarbeiter zurückgreifen zu können, die ganz woanders (ja in Indien) leben und nicht wegen des Arbeitsplatzes ihren Wohnsitz zu wechseln brauchten und umziehen mussten. Nur selten, so lernte man rasch, muss man auf eine persönliche Anwesenheit des Kontaktes zurückgreifen. Meistens kommt man mit einer Konferenzschaltung und ohne die für unerlässlich gehalten strategischen „Spielchen“ (die sich durch endlose Restaurantbesuche und dem Aushorchen und Voraushorchen von Positionen ausgezeichnet hatten) aus. Was nun fehlte und fehlt, waren die Arbeitskollegen und die informellen Gespräche an der Cafébar. Wir funktionierten in der Pandemie weiter, ja besser. Allein, es fehlte damals die „Belohnung“ durch das Konsumerlebnis und das private Reisen, die uns für unser reduktives, hoch spezialisiertes und entfremdetes Dasein hätten, entschädigen können. Man sparte außerdem enorm an Zeit ein, die man so nicht mehr im Berufsverkehr verlor.

Ein weiterer Pluspunkt ist die Möglichkeit der neuen Informalisierung, wie sie bei einer digitalen Konferenz möglich ist. Man kann davon profitieren, indem man Schamgrenzen senkt und so formelle Barrieren abbaut, indem man die beiden sozialen Sphären, die des Geschäftlichen und die des Privaten, miteinander vermischt. Ein weiterer Vorteil ist der Tatsache geschuldet, dass zu Hause Deep Work über größere Zeitstrecken möglich ist.

Die Herausforderung der Remote-Arbeit während der Pandemie war, dass viele Unternehmen unvorbereitet darauf waren. Es stellten sich technologische Herausforderungen in den Weg, denen zufolge nicht alle Mitarbeiter Zugang zu den erforderlichen Technologien und Infrastrukturen hatten. Neben den oben genannten Schwierigkeiten wirkte sich die Remote-Arbeit negativ auf die Fähigkeit aus, Arbeit und Privatleben zu trennen, da sich Arbeitsplatz und Zuhause an demselben Ort befanden. Die Informalisierung kann außerdem in Verwahrlosung übergehen und das Soziale hat eine disziplinierende Kraft im positiven Sinne und fördert Kreativität durch Austausch. Auch die soziale Kontrolle als zivilisierende Funktion im besten Sinne bleibt beim Homeoffice auf der Strecke.

Zu den oben genannten Vorteilen gesellen sich Flexibilität, die zum Beispiel für Mitarbeiter darin bestand und besteht, ihren eigenen Zeitplan zu erstellen und die Arbeit an ihren persönlichen Bedürfnissen anzupassen. Außerdem kam und kommt es zu Kosteneinsparungen für die Unternehmen für Büromieten, Strom und andere betriebliche Ausgaben.

Auch nachdem die Pandemie abgeklungen ist, wird Remote-Arbeit voraussichtlich eine wichtige Rolle in der Arbeitswelt spielen:

1. Als Hybridmodell: Viele Unternehmen werden voraussichtlich auf hybride Arbeitsmodelle setzen, die sowohl Remote- als auch Präsenzarbeit kombinieren, um die Vorteile beider Ansätze zu nutzen.
2. Investitionen in Technologie: Unternehmen werden verstärkt in Technologien investieren, die Homeoffice-Arbeit erleichtern, wie Videokonferenzsysteme und Online-Kollaborationstools.
3. Betonung von Flexibilität und Work-Life-Balance: Arbeitgeber werden zunehmend darauf achten, die Zufriedenheit, die die Remote-Arbeit impliziert, zu berücksichtigen, um so die Produktivität ihrer Mitarbeiter zu fördern. Das einmal Erreichte wird nur schwerlich historisch wieder umkehrbar sein.

Es kam und wird sicher zu einer immer weiteren Durchmischung der Arbeitsformen kommen (Office Televillage, Homeoffice, alternierende Telearbeit, Mobile Telearbeit). Ein striktes Entweder/Oder ist demnach nicht ratsam, sondern alle Vorkommnisse des Arbeitens haben Vor- und Nachteile. So kann manches besser in Face-to-Face-Situationen übermittelt werden, also nur bei Anwesenheit im Büro oder Konferenzzimmer.

Nach Corona zeichneten sich drei Trends ab: a) Es wurden, wie erwähnt, Hybridmodelle eingeführt, b) es blieb beim vollständigen Remote-Arbeiten und c) kam es zu einer Rückkehr ins Büro, entweder aus betrieblichen Gründen oder aufgrund der Präferenzen der Mitarbeiter. Ein komplettes Rollback zu klassischen Büroarbeitsformen ist also ausgeblieben. Remote-Arbeit hat sich als praktikable Alternative zum traditionellen Bürojob erwiesen. Es kommt wohl auf „die Mischung" an.

Eine „Gefahr" von Homeoffice besteht darin, dass Firmeninterna wohl leichter ausspioniert werden können. Auch unsichere Netzwerke, eine schwache Authentifizierung, Pishing-Angriffe, Geräteverlust oder -diebstahl, ungesicherte Geräte und fehlende physische Sicherheit kann für die Speicherung von sensiblem Unternehmensdaten eine Gefahr sein. Ein anderer Grund gegen die Remote-Arbeit mag in ihrer Privatheit begründet liegen.

„Das Private ist deshalb wichtig, weil es uns vom Scheinwerferlicht des Öffentlichen auf unser Leben entlastet. Das Private ist ein Ort der Rekreation. Und deshalb ist es auch ein Bereich, auf den von außen nicht eingegriffen werden darf", beschreibt Kirstin Merle, Theologin für praktische Theologie, die zum digitalen Wandel und seinen Folgen für Religion und Öffentlichkeit forscht, diese Situation, in der sich die Menschen heute befinden.

Merle versteht das Private als Ort, an dem die Menschen „ihren Akku aufladen können". Das Private hat freilich noch weitere Funktionen, wiezum Beispiel als Ort der Bildung und Politisierung, und ist somit auch eine Kraftquelle der Demokratie. Außerdem ist es ein Ort der Freiheit und Zerstreuung sowie ein Ort der sexuellen Selbstbestimmtheit. Das Private ist ein sensibler und vulnerabler Bereich, weswegen Remote-Arbeit nicht für jeden eine Option sein mag.

43 Prometheische Scham

Nach dem Kulturphilosophen Günther Anders empfindet der Mensch eine Art Schamgefühl gegenüber der Maschine, da sie ihm unendlich überlegen und potenter, ja unverwüstlich erscheint. Dieses Schamgefühl hat er in seinem Hauptwerk „Die Antiquiertheit des Menschen“ als „prometheische Scham“ bezeichnet. Antiquiert ist der Mensch demnach 1. da er dem technisch-kulturellen Sektor, den er erschaffen hat, nicht gewachsen ist, 2. da er mehr herstellt, als er sich vorstellen und verantworten kann (Atombombe) und 3. da er glaubt, dass das, was er kann, auch zu dürfen, was ein Merkmal der negativen Stellung des Menschen zu seiner naturhaften Umwelt ist. Den letzten Punkt zusammenfassend, kann man von einer Technikhybris sprechen. In diesem Sinne leben wir technisch in einem „falschen Bewusstsein“, was impliziert, dass wir die neue Technik sowohl über- wie unterschätzen. Vernarrt in einen Machbarkeitsglauben überschätzen wir uns angesichts einer Flut von Apps von digitalen Anwendungen bis hin zum autonomen Fahren und der Träumerei von einer grünen Industriegesellschaft. Die heutige Technik ist aber zugleich eher Lifestyle, die die möglichen wirtschaftstheoretischen, eventuell gar nachkapitalistischen Anwendungen eher verhindert als fördert.

Eine Scham empfindet der Mensch aber auch, so in etwa wie Eltern sich für ihre Kinder schämen, *angesichts von* technischen Apparaturen. Das scheint auch der Grund für blickdichte Bauzäune zu sein, wenn ein Haus abgerissen wird und wir uns angesichts der Gewaltsamkeit des Baggers quasi für seine zerstörerische Kraft schämen.

Die Menschheit hinkt der Technik hinterher, so wie bereits erwähnt, nach Wilhelm F. Ogburn die Kultur gegenüber der Technik ein nachträgliches Phänomen ist. Im heutigen „falschen technischen Bewusstsein" ist man sich sicher: Das Subjekt der Geschichte ist der Mensch. Aber: Der Mensch denkt und die Technik lenkt.

44 Die Pandemie und der nachholende schulische Modernisierungsschub

Christian Lindner hat es in wiederholender und mokanter Art und Weise auf den Punkt gebracht: „Das Digitalste an Schulen darf nicht die Pause sein."

Die Pandemie hat hier einen nachholenden Modernisierungsschub ausgelöst. Nicht mehr allein Technik als ein utopisches Desiderat, sondern die mentale Notwendigkeit eines Anpassungsprozesses an die Anforderungen des 21. Jahrhunderts war sozusagen ein Katalysator in der Pandemie. Die positive Seite der Pandemie – ein Teilsatz, der sich angesichts der Coronatoten nicht leicht schreibt – ist ein Salto mortale in Bezug auf die Digitalisierung gewesen, der aber auch, wie in der Gesellschaft die strukturellen Schwächen des Schulsystems aufgedeckt hat (langsame Server, Einloggprobleme, veraltete Technik), welches sich hauptsächlich durch Bürokratie und Langsamkeit auszeichnet. Zudem wurde die prekäre Seite des Schulsystems offengelegt. Kinder aus ärmeren, „bildungsfernen" Schichten hatten viel weniger Support und weniger Möglichkeiten über technisches Equipment zu verfügen, woraus sich so die Notwendigkeit von Präsenzunterricht für Kinder aus sozial benachteiligten Familien ableiten lässt. Auch der Aspekt der Motivation und die erfolgte Ausdünnung von sozialen Kontakten machten das Homeschooling zu einem nur als letztes Mittel verfügbaren Tool, das zu etlichen Schuljahrwiederholern der Generation Corona führte. Auch der Blickpunkt „Kinder lernen von Kindern" ist ein Aspekt, der gegen das Homeschooling spricht, wie auch die Qualifizierung und Medienkompetenz der Lehrer nicht selten zu wünschen übriglässt, auch wenn es besser geworden ist. Andererseits: Wie wäre eine Pandemie in der Zeit vor der Digitalisierung ausgefallen? Homeschooling, so wird es an diesem Beispiel deutlich, ist besser als Homeschooling per analoger Post und nur unilateraler Kommunikationstechnik. Andererseits: Vielleicht wäre eine Schulschließung auch gar nicht notwendig gewesen?

Wir sind mit technischem Schwung und viel gesellschaftlicher Progression und Optimismus in die Moderne gestartet und so sind wir uns Jahre im Voraus in Hinblick auf Zukunftskonzepte. Den Mantel an technischem Fortschritt, um einmal Willy Brandt zu variieren, den wir uns täglich überziehen, ist hoffnungslos zu groß und wir müssen erst noch in ihn hineinwachsen.

45 Die Krisenhaftigkeit als Schulmetapher

Es geht uns so, als würde die Klassenarbeit, auf die wir ungenügend vorbereitet waren, aufgrund eines unerwarteten Krankheitsfalls des Lehrers ausfallen. Wir sind der einen Sorge (Corona) unerwartet und einigermaßen glimpflich entronnen und schon blitzt am Horizont gleichsam die nächste Klassenarbeit also Sorge auf und es treibt uns den Angstschweiß auf die Stirn, noch zwei Arbeiten prekär bestehen zu müssen, um den Worst Case des Sitzenbleibens abzuwenden. Alles drehte sich in den letzten Tagen um die Klausur und dann fällt sie plötzlich aus und am Horizont tauchen jäh noch zu bestehende Sorgenkomplexe auf, die durch die erste Sorge verdeckt und die jetzt quasi wieder in den Vordergrund gespült wurden: Die potenzielle Apokalyptik einer Klimakatastrophe (Hochwasser, Starkregen, Trockenheit) und die Gefahr eines Dritten Weltkrieges, die der Ukrainekrieg wieder heraufbeschwört, der wiederum die reale Möglichkeit einer nuklearen Katastrophe impliziert, den, um im Bild zu bleiben, Schulverweis. Der eine Kelch ist an uns vorübergegangen (die Coronapandemie), da lauern im Hintergrund schon weitere Gefahren. Und es werden immer mehr. Die erste Klausur wird sehr wahrscheinlich wiederholt. Und bleibt freilich, auch wenn man sich noch mal vorbereiten kann, eine Bedrohung für den versetzungsgefährdeten Schüler. Das heutige Krisenbewusstsein lässt sich an dem Schülervergleich als sich überlagernde Sorgeschichten darstellen. Die Problemlast des Daseins wird durch ein katastrophales Weltbeben und -brennen immer schwerer. Und es scheint heute so zu sein wie mit der Hydra: Schlägt man einen Kopf ab, wachsen zwei nach.

46 Technischer Schnickschnack in Autos

Ich bin in Sachen Autotechnik ein Greenhorn. Auch wirtschaftliche Prozesse durchschaue ich nur mit dem Volkswirtschaftsbuch in der Hand oder mit Marx im Gepäck auf theoretische Art und Weise, habe also in der Praxis nicht viel damit zu tun. Ich bin kein „rechnerischer Mensch" (Heidegger) und technikaffiner Zeitgenosse, der ich sein müsste, um den Kapitalismus fundamental zu kritisieren. Entsprechend schwer fällt es mir, mich für Automobile und deren technischen Schnickschnack zu interessieren. Jeder „Polo" kommt heute mit einer elektrischen Ausstattung daher, die dem Superkäfer namens DUDU zur Ehre gereicht hätte. Alles ist voller Elektronik, die wiederum digital vernetzt ist. Vieles davon ist überflüssig und lässt nur die Reparaturkosten um ein Vielfaches anschwellen. Und je mehr Sachen elektrifiziert sind, wie zum Beispiel die Handbremse, desto mehr entfernen wir uns von einer autochthonen Techniknutzung. Alles blinkt. Von überallher ertönt ein Kontrollton. Das sind zum Teil Konstrukteursspielereien, andererseits wird das Futuristische vom Kunden verlangt, der, wenn er ins Auto einsteigt, in die Zukunft einsteigen und möglichst wie bei Knight Rider vom Auto begrüßt werden möchte, auch damit er seine Einsamkeit nicht mehr so stark spürt. „Die Kunden wollen es so" berichtete mir der freundliche Auto-Händler unseres Vertrauens. Technik fungiert hier als Futur-Simulation. Zum Ausgleich sind die hochtechnisierten Fahrzeuge vorwiegend mit Kupplung und Schaltung ausgestattet, um Tuchfühlung zum Mechanischen des Motors zu bekommen und zu erhalten.

Man lässt sich „oben“ nieder (in SUVs) und verharrt im Zustand des Umgebenseins von Technik und dieser Schwebezustand erhält sein Gegengewicht durch die Gangschaltung, um sich quasi „existenzial“ zu erden. Erhoben sitzt man gerne, quasi als erträumte Wiederkehr des Kutschenzeitalters, in der die Größe, Höhe und Ausstattung der Kutsche den sozialen Rang anzeigte. Man behält quasi auch die Übersicht in der nicht mehr ganz so neuen „Unübersichtlichkeit der Moderne“ (Jürgen Habermas).

47 Re-Nesting

Je einsamer und distanzierter die Menschen sind und sich verhalten, desto mehr und länger verbleiben, insbesondere psychisch labile Menschen, in ihrem Elternhaus. Facebook und Co, die ja im Prinzip nach einer heutigen optimistischen Erwartung das Phänomen der „neuen Einsamkeit“ konterkarieren sollten, verschärfen diese nur umso mehr in einer immer kälter werdenden Gesellschaft, in der – einmal effeminiert und im Etui groß geworden – sich nicht jeder entsprechend seinen Bedürfnissen „da draußen“ durchzusetzen vermag. Die residentiell gebundenen Kinder, die das Elternhaus nie verlassen haben und die von dem Nest profitierenden „Re-Nesting-Tiere“, gehören zu einer wachsenden Spezies, die durch die Pandemie nochmals größer geworden ist. Auch sie können dem Leistungsdruck und der gesellschaftlichen Pathologie nicht standhalten, kommen in „freier Wildbahn“ unter die Räder. Freunde und soziale Kontakte werden durch die Intimität und Wärme des Elternhauses ersetzt. Die „Re-Nesting-Tiere“ oder die residentiell gebundenen sind also nicht auf soziale Kontakte angewiesen, was auf lange Sicht problematisch ist, da sie das Soziale so verkümmern lassen und verlernen und, wenn die Eltern einmal nicht mehr sind, in die Einsamkeitsfalle tappen. Die Nesthocker oder Re-Nesting-Tiere nutzen somit Facebook und Co. als narzisstische Plattform der Selbstdarstellung, nur um mit der Außenwelt global und unverbindlich in Kontakt zu bleiben. Freund und Feind lesen hier aber immer mit. Wir sind uns oftmals gar nicht im Klaren darüber, wie sehr wir auf sozialen Netzwerken einen Seelenstriptease vollziehen, wenn wir aus unserer komfortablen Einsamkeit heraus ein Selfie posten. Wir schielen viel zu sehr auf die Quantität (gemessen in „Likes“) und vergessen dabei die decouvrierende Wirkung solcher Selbstdarstellungen. Man stellt sich nolens volens unter die Kuratel ständiger Überwachung, obwohl einem das so gar nicht immer bewusst ist.

Soziale Netzwerke sind auch ein Ort der Verlogenheit und Tartüfferie. Man bekommt „hintenrum“ alles mit, ohne sich vorn herum mit jemandem zu befassen, bzw. sich ein eigenes, realweltliches Urteil bilden zu müssen.

Ähnlich erweist sich die der „Gassigeher“, der jeden Tag mit seinem Hund in der Öffentlichkeit unterwegs ist als unfreiwilliger Exhibitionist seiner Seele, da man ins Gespräch kommt und in jedem Gespräch, ob intendiert oder nicht, etwas über sich preisgibt. Weitere Ausführungen zum Thema Einsamkeit, siehe Kapitel II 12.

48 Glück und Technik

Dass Technik als Stimulanz einer unbegrenzten Freude anzusehen ist, ist (in dem hohen Ausmaß) ein noch recht junges Phänomen. Wir versuchen heute Glück durch Technik und hier insbesondere über die digitalisierten Medien herzustellen, wobei hier Glück oft mit Aufmerksamkeit gleichgesetzt wird. Wir wollen etwas Besonderes „posten“ und sind daher in der Lebenswelt immer auf Fotosafari, wobei wir durch den so erzeugten Kamerablick die Welt nicht mehr eins zu eins und unmittelbar erleben, sondern nur noch als Fotografieobjekt des Besonderen, sodass das Glück des unbefangenen Schauens zugunsten von einer fast schon pathologischen Motivsuche und -Findung substituiert wurde. So hat sich in Zeiten von Smartphones das unmittelbare Erleben zugunsten einer Motivperspektive verschoben, die die Erfahrung, die man ja mitteilen oder „teilen“ möchte, nur erst verhindert. So fährt man nur noch „woanders hin“ und sucht touristische Orte und Hotspots auf, um ein vermeintlich sehenswertes Objekt abzufotografieren und zu „posten“. Somit sind Facebook und Co. quantitative Ausdrucksorgane: Auch hier hat man einen quantitativ hohen Möglichkeitsraum, um Sinn zu generieren bei einem gleichzeitigen häufigen Mangel an Ausdrucksqualität. Die lärmende Masse an Nichtkreativen übertönt dabei die sich rarmachende Klasse an tatsächlich Kreativen.

So wird das technisch Mögliche zum gewohnheitsmäßig Notwendigen. Das Medium ist auch hier gleichsam die Botschaft. Der Zwang, etwas zu posten, um nur ja die notwendigen „Likes“ zu erzielen, die uns das Gaukelspiel von Singularität und Beliebtheit vorspiegeln, kulminiert dabei in einer Art Suchtfaktor. Die Tatsache, Auskunft zu erteilen zu *müssen*, lässt uns die Welt mit ganz anderen Augen ansehen, deren An-Blick das Unmittelbare unserer Welterfahrung schmälert.

Auch das unbeliebte Gefühl des Neides ist ein Antreiber im Netz nach dem Motto: „So ein schönes, abfotografiertes Leben möchte ich auch haben." Es kommt mit Nietzsche zu einem „Schein des Scheins". Und es gibt noch mehr Scheinwelten (siehe I 58). Die Schein- und Idealwelt des Bloggers oder der „Influencer" weckt in so manchem Follower das Gefühl der eigenen Minderwertigkeit, bis hin zur Depression. Und auch der Blogger ist in ein Hamsterrad des Scheins gefangen, da er zu ständiger Innovation gezwungen ist, um seinen Followerbestand zu halten und somit seine Scheinwelt zu wahren und auszubauen und ist ebenfalls unglücklich damit. Es entbrennt darüber ein Wettbewerb, wer das spannendste, originellste, bewunderungswürdigste, also bemerkenswerteste Bild bei Facebook, Instagram und Co. hochgeladen hat, wobei es nicht um geistreiche, sondern vorwiegend um witzige, ein Lachen, Staunen oder eine Rührung hervorrufende Filmchen und Fotos und Grafiken geht, das, was am besten ankommt und unterhält, ohne Rücksicht auf die Wahrung der eigenen Intimitäts- oder Qualitätsansprüche. Das Sensationelle macht sich immer rarer in einer Welt, die immer mehr als Sensation gefeiert werden will.

49 Was sich vom Internet auf die Lebenswelt überträgt

Nicht immer glücklich macht auch das schnelle und unhintergehbare Auffinden von Sachverhalten im Internet. Wir haben uns gerade an eine Wahrheit gewöhnt, eine Erkenntnis gewonnen oder eine Theorie entwickelt, so zeigt uns das Netz über ausgefeilte Suchmaschinen einen ganzen Schwall von Alternativmöglichkeiten auf. Informationen, die meine Wahrheit wieder relativieren, widerlegen oder die Komplexität des Phänomens oder seine längst schon Bekanntheit betonen, die mir nicht aufgegangen war. Und es gilt: Je größer die Anzahl der sogenannten, auch alternativen Fakten ist, desto größer wird die Abwesenheit von Wahrheit auch in der Lebenswelt sein. Es scheint kaum noch etwas Definitives zu geben. Auch die härtesten Fakten scheinen relativierbar zu sein, und so hat das Internet mit seinem enormen Ausmaß an Fehlinformationen zur Verunsicherung auch letztlich rationaler Entscheidungen wie die Covid-Impfung beigetragen, wenngleich man immer noch häufig als Experte oder Mitglied der älteren Generation zwischen Fake News und Fakten bei näherer Prüfung zu unterscheiden vermag. Steter Tropfen höhlt aber den Stein.

Auch so ein Phänomen wie Hass wurde durch das Internet potenziert und hat wohl Rückkopplungseffekte in der Lebenswelt. Der Hass, der im Netz grassiert, überträgt sich wohl auch auf die Hassbereitschaft im Leben, sodass ein schleichendes Rollback der Toleranz gegenüber Andersdenkenden, -farbigen und -sexuellen zu beobachten ist. Es kam so zu einem Anstieg der Radikalisierung von ohnehin Radikalisierten, aber auch von Normalos und Mitläufern, wie in der Covidpandemie 2020–23 deutlich wurde. Die Realität wird quasi virtualisiert, um sie so erst, in ihrem Konstruktcharakter, für wahr zu halten.

In der Lebenswelt hat sich außerdem eine große Ungeduld angesichts von Leerzeiten und einer negativen Einschätzung einer Disruption des digitalen Flows herausgebildet. Wir sind es gewohnt, jederzeit und flüssig mit Informationen aus dem

Internet versorgt zu werden. Also werden wir ungeduldig, wenn das in der Lebenswelt mal nicht sofort passiert (siehe Kapitel I 25), wir auf uns und somit Langeweile zurückgeworfen sind. So rasch wie das Leben im Internet erscheint, ist es zunächst einmal nicht. Embryos brauchen nach wie vor i. d. R. circa neun Monate, ehe sie als Neugeborene das Licht der Welt erblicken können, ein Jahr hat circa dreihunderfünfundsechzig Tage und auch das Wachstum von Kindern können wir auch kaum beschleunigen.

Die IT-Welt hat – was als bekannt vorauszusetzen ist – auch massiv die Psyche von Kindern beeinflusst. Sie wurden immer schwieriger, aggressiver durch den exzessiven Medienkonsum und sind dadurch noch mehr als unsere Generation Golf es ohnehin schon als Kind war, „außengeleitet" ein aggressives Radar ausstrahlend, sodass jeder, der dort hineingerät, mit negativer Resonanz bedacht wird, sprich: mit angriffslustigen, negativen Vibes konfrontiert wird. Das Computerverhalten und der Umgang mit Medien übertragen sich also auf das Verhalten in der Lebenswelt von Jugendlichen.

Auch die Schonungslosigkeit, mit der man mit Urteilen und Hasskommentaren im Internet „unterwegs" ist, überträgt sich wohl auch auf die Lebenswelt. Über jeden, dem eine Gruppe von Backfischen entgegenkommt, wird hergezogen und es ist egal, ob man das mitbekommt, man wird als Objekt behandelt, nicht als Mensch, der eine gewisse Pietät verdienen sollte, wobei das Visuelle eine nahezu unhintergehbare Evidenz bekommen hat, was auch mit dem häufigen Gebrauch von überwiegend visuellen Erfahrungen in der virtuellen Welt zusammenhängen mag. Das Sichtbare hat einen hohen Stellenwert in der heutigen YouTube-Konsum-Welt. Sartre hat so einen unangenehmen Effekt der Begegnung mit anderen zurecht als „Hölle" bezeichnet.

Die Aggression, die in der Anonymität des Internets stattfindet, findet und fand sich in den letzten Jahren auch bei der Respektlosigkeit und Angriffslust im Umgang mit Polizisten und Sanitätern wieder. Hier schlägt sich ein ähnliches Phänomen wie das verbale „haten“ im Netz in der Lebenswelt nieder. Die Beamten der Polizei und die Angestellten der Rettungsdienste werden stellvertretend für den Staat als Sündenböcke behandelt. So wie im Internet „nur“ verbal, findet hier der Hass seine ventilmäßige Emission und ein konkretes Ziel in der Lebenswelt. Hier sind es tatsächliche Handlungen, die in der Anonymität der Masse stattfinden. Die Wut vermischt sich mit Alkohol und Schadenfreude sowie mit momentanen Machtgefühlen, angesichts der jugendlichen Ohnmacht.

50 Multioptionalität

Wir sind mit den neuen Freiheiten, die uns das Internet bietet, nicht nur freier, sondern oftmals uneingestanden mit dieser Freiheit überfordert. So können wir neben einer Vielzahl von Fernsehprogrammen heute auf eine reiche Auswahl an Streamingangeboten zurückgreifen. Wir haben hier schon die hypertrophe Auswahl zwischen klassischen Fernsehprogrammen und den stets in Mediatheken und auf Streaming-Plattformen verfügbaren Möglichkeiten des medialen Massenkonsums. Das mediale Dasein erweist sich an dieser Stelle als multioptional, sodass sich auch hier leicht ein Überforderungsgefühl einstellen mag, besonders wenn es darum geht, den interessantesten, lehrreichsten oder einfach unterhaltsamsten

Content abzurufen. Wir wählen über das Smart-TV etc. quasi à la carte, was wir schauen möchten (wozu sich noch die medialen „Zerstreuungsinstrumente", Computerspiel und Internetsurfen gesellen.). Nicht zuletzt wurde so, das sei nochmals erwähnt, die starre lineare Zeit, der man folgen muss, durch ein dynamisches liberales Zeitkonzept ersetzt.

Wir sehen nicht mehr zu einer bestimmten Zeit wie um 20 Uhr die Nachrichten und danach am Samstag „Wetten, dass …?", wodurch das Fernsehen seiner sozial-kohäsiven Funktionen beraubt wurde. Wir sehen dann auch selten (und wenn, hauptsächlich beim Sport) gemeinsam fern. Somit hat sich das Gefühl einer gemeinschaftlichen An-Schauung beizuwohnen vaporisiert und stellt sich nur noch bei einigen Showsendungen noch ein. So haben wir am Samstagabend, um ein „lien social" (Durkheim) zu erreichen, nur die Wahl zwischen DSDS bzw. den Showangeboten („Frag mal die Maus", „Verstehen Sie Spaß?", oder für die hart gesottenen gar eine Schlagersendung) auf anderen Sendern. Nicht nur in Hinblickauf ein Live Event, das ein Gemeinschaftsgefühl erzeugt, das die Fernsehsender über Jahre herzustellen vermochten, haben wir also gar nicht eine große Wahl. Wir wollen im Prinzip auch gar nicht die Wahl haben. Der Mensch tendiert gerade in den Zeiten von Komplexität zur Einfachheit. Wenn wir dann einen Film, eine Dokumentation oder eine Serie streamen wollen, so achten wir bei der Auswahl des Content komlexitätsreduzierend darauf, dass das ausgewählte Material irgendwie gehypt ist und in aller Munde oder zumindest lediglich „bekannt" ist, um so ein Gefühl der sozialen Teilhabe und Willkürlichkeit zu erzeugen. Es werden daher vorwiegend Kurzserien gestreamt, um Kontinuität in einem diskontinuierlichen Leben herzustellen. Die Serie darf dabei nicht zu bindend (das heißt zu einem ständigen zeitlichen Aufwand über einen längeren Zeitraum führen), aber auch nicht zu bindungslos (z. B. unbekannt) sein. Kurzserien scheinen einen Kompromiss aus Freiheit und Begrenzung darzustellen. Das „streamen", also den Content selbst auszuwählen, überfordert uns also (häufig uneingestanden), weswegen wir die Illusionen einer autonomen und willkürlichen Entscheidung als Mythos gerne aufrechterhalten. Gerade für ein junges Publikum gilt wohl: Alles schauen, nur nicht die coole Stimmung durch das klassische Programmfernsehen versauen.

Häufig stellt sich bezüglich neuer Medien und ihrer Anwendungen die Frage, ob diese hundertste Option es nun wirklich auch noch hätte sein müssen. Ein wenig weniger Komplexität täte uns ganz gut. Wir leben aber nur scheinbar in einer multioptionalen Lebenswelt. Das Leben hat sich, nochmals, im Gegenteil in vielerlei Hinsicht verarmt. Umso mehr hat sich die Möglichkeitsvielfalt virtuell erhöht. Ob man sein neues Handy einrichtet, sich einen Account auf einer Internetplattform anlegt, überall sprießen die Optionen ins Kraut. Jedes soziale Netzwerk hat seine eigene, nicht nur mich überfordernde Optionalität, womit ganze Einführungsbücher gefüllt werden können und werden. Ich und viele andere User wollen einfach nur etwas posten und sich nicht mit komplexen metrischen Details herumärgern, bei denen es um Fragen geht wie: Wer was, wann, wo und wie häufig angeschaut hat und wer meinen Account einsehen kann und wer nicht, um nur einmal die Basisfunktionen anzusprechen. Jedes soziale Netzwerk ist dabei anders aufgebaut und hat andere Schwerpunkte und Optionen. Und so ist jeder Internetshop, jede Internetseite individuell konfiguriert und nicht etwa einheitlich gestaltet. Sodass man sich immer erst ein Bild davon machen muss, wie es hier im Gegensatz zu woanders funktioniert. Und ich glaube, ich spreche für eine Mehrheit, wenn ich verlauten lasse, dass mich das ein wenig überfordert und nervt.

51 Wer ein Smartphone hat, ist einverstanden

Nicht nur mehr die Ware, sondern die Technik als Lifestyleprodukt, mithilfe dessen scheinbar alles einfacher wird, hat heute die Funktion eines Fetischcharakters im marxschen Sinne. Die Technik, in deren Banne wir uns heute befinden, verschleiert auch, wie oben angemerkt, die Unbarmherzigkeit des kapitalistischen Systems.

Um nochmals einen Gedanken Theodor W. Adornos zu variieren: Wer ein Smartphone hat und ein wenig Konsum generieren kann, der begehrt nicht auf. Wer ein cooles Smartphone hat, der „ist einverstanden“. Die Entfremdung angesichts des Systems wird qua Technik abgefedert und verschleiert. Solange ich mein Leben als technisch und konsumtiv bereichert empfinde, brauche ich kein anderes System ersinnen, auch ungeachtet der Tatsache, dass es bitternötig, bzw. es ein sinnvoller und wertvoller Beitrag für die Gesellschaft wäre. Der Lifestyle, der mir durch das Smartphone überwiegendenteils ermöglicht wird, entschädigt mich für mein normiertes Angestelltendasein und dafür, dass ich mich dem anderen Geschlecht gegenüber oftmals als unfreiwillig distanziert erweise. Konsum, DSDS und das Internet sind cool, im Sinne von exzessiver freiheitlicher Exzeptionalität. Auch die Kulturindustrie, die viele über „Audible“ erreicht, schenkt uns scheinbar Momente der Freiheit, die wir in der Welt und im Leben schon gar nicht mehr suchen. Lärmt die Industriekultur zu sehr, setzte ich mir Kopfhörer auf und ich entschwinde in einer anderen, technisch erzeugten Klangwelt, während sich das Leben so beschallt als fern und unwirklich, also irgendwie erträglicher gestaltet. Technik ist also ein „Opium des Volkes"? Indem wir in das Netz fliehen, fliehen wir auch vor den Zumutungen des kapitalistischen Alltags und seiner Komplexität und Zwänge. Bei Adorno übernimmt die Funktion so eines Betäubungsmittels die Kulturindustrie.

52 Lieber nicht stören

„Lieber nicht fragen!", „Lieber nicht stören!", heißt ein ungeschriebener Sozialkodex unserer Zeit. Man könnte als blöd dastehen. Wozu hat man schließlich ein allverfügbares Internet auf seinem Smartphone zur Hand, das nicht nur in einem Not-Fall immer unhintergehbarer wird, da es ein verlässlicher Auskunftsgeber in jeder Lebenslage zu sein scheint. Hast Du wie alle anderen auch ein Handy in der Hand, will man lieber nicht hilflos und uncool erscheinen und schlägt sich mit der digitalen Krücke durchs Leben und Land, auch wenn die Antwort oftmals spontan und schneller in der Lebenswelt zu haben wäre. Man fragt lieber nicht: Nur nicht als naiv dazustehen, auch um den erotischen Sozialkodex, der einem auch eine öffentliche Abstinenz in jeglicher Flirtabsicht auferlegt, einzuhalten. Wir sind auch zu scheu und schreckhaft geworden und nicht zuletzt hat uns Corona noch mehr zu unfreiwilligen

Eremiten gemacht. Also, es gibt in aller Kürze drei Gründe, die für eine Auseinanderdrift verantwortlich sind: coole, erotische und hygienische Distanz. Über alle drei hilft uns ein smarter Internetzugang des WWW hinweg. Das ursprüngliche Fragen, die Neugier des Wissenwollens, das neugierige Aufeinanderzugehen wurde so pervertiert und negiert.

Zu dem „Lieber nicht stören", gesellt sich ein „Lieber nicht anrufen!", das bei Sherry Turkle „Telefonieren – nein danke" heißt. Wer anruft, muss heutzutage schon einen profunden Grund vorweisen. Die Kommunikation entzieht sich meiner Kontrolle, in dem Augenblick, in dem sie mündlich wird. Man gibt nolens volens etwas von sich preis. Früher wäre das Internet ein Ort für Schüchterne gewesen. Da alle heute schüchtern sind, nutzen auch alle das Internet, um zu kommunizieren. Man kann sich verstecken, was es einem paradoxerweise leichter macht, sich zu öffnen. Auch Erwachsene schützen Überlastung und Zeitmangel vor, um ihr exzessives Mailingverhalten zu rechtfertigen. Man hat wohl auch Angst davor, wenn man sich zum Verabreden persönlich spricht, sein Pulver schon bald verschossen zu haben, auch da man sich grundsätzlich weniger zu sagen hat (I 37). Jugendliche nutzen die Internetkommunikation als Abgrenzungsmöglichkeit gegenüber Erwachsenen. Viele lernen das Telefonieren erst gar nicht. Der fernschriftliche Kontakt ist auch weitgehend frei von Weitschweifigkeit und Unsachlichkeit und er wird als ein Phänomen der „sozialen Nachahmung" (Gabriel Tarde) begreifbar. Die Bedingung der Möglichkeit jemanden anrufen zu können, genügt uns heute.

53 Technischer Rebound: Die Welt fliegt uns um die Ohren

Die Sturmtiefe „Ylenia" und „Zeynep" fegten im Februar 2022 über uns hinweg. Und das Schlimme daran war und ist: Wir haben uns fast schon dran gewöhnt. Die Welt fliegt uns um die Ohren und wir lachen über das verrückte Wetter in verrückten Zeiten, ohne den technischen Rebound wirklich kausal zu realisieren, der dahintersteht und auf *uns* zu beziehen. Die Menschheit ist ein Spielball der Natur, wie ein manövrierunfähiges Schiff steuert es auf die Klippen der Natur zu. Die Technik, die uns eine Hochzivilisation und Lebenskomfort eingebracht hat, stößt auf einen natürlichen Widerwillen. Es ist wie in der modernen Erzählung „Die Ermordung einer Butterblume" von Alfred Döblin: Die Natur schlägt zurück. Doch für die Technik, die uns ein zunehmend weniger leidvolles Dasein bescheren soll, sind wir als Naturwesen nicht gemacht. Dennoch befinden wir uns stets im Banne der Technik, so wie ein Kind aus Faszination immer wieder in die lodernde Flamme fasst. So erleben wir alltäglich den Straßenlärm, Musikgedudel in Kaufhaustempeln, grelles Licht, Massenansammlungen und Technikanwendungen, bei denen wir auf die einwandfreie Funktion der Technik angewiesen sind. Hektisch treten wir auf die sogenannte Fußgängerzone (klingt er nach Zoo als nach freiem Handeln) und landen in einem unangenehmen Bad aus Lärm- und Gewusel.

Rasch huschen wir über den Zebrastreifen (klingt auch mehr wie ein Zoobegriff). Ein wahnsinniges Lachen ist zu vernehmen; eine Gruppe Jugendlicher stakst rücksichtslos und rempelnd an uns vorbei. Überall werden Masken getragen. Doch sie immunisieren nicht gegen die „Mikrophysik" (Foucault) der

Technik, die in alles eindringt und uns zum Spielball ihrer Reize gemacht hat. Gelassen schlendern wir dahin. Dahinten hupt ein Auto, ein Rollerfahrer gleitet leise und unbewegt-cool dahin. Und auf der Rolltreppe denke ich kafkaesk: „Bin ich der Einzige, dem auf der langen Rolltreppe nach oben, die quer durch den großen Bielefelder Kauftempel ‚Loom' führt, schwindelig wird?" Die unbeeindruckten Gesichter mit den Körpern, die auf der Rolltreppe nach oben gleiten, gemahnen an die Gesichter auf den Bildern der „Neuen Sachlichkeit": Unbewegt und stoisch scheinen auch sie den Rausch eher zu ertragen, als in ihn zu feiern.

54 Grenzen und Global Village

Grenzen haben an Brisanz wieder zugenommen. Das Global Village existiert nur technisch-virtuell. Friedliche Revolutionen, die der Arabische Frühling mit sich brachte, haben in den Ländern, in denen sie jüngst ausgebrochen sind (Marokko, Ägypten, Syrien etc.), eventuell mehr Schaden zugefügt als Nutzen eingetragen. Ein technisch-naiver Glaube des Machbaren hat uns blind gemacht für Widerstände der Realität, und so ist aufgrund eines naiven Glaubens an technisch induzierte Herstellung von Demokratie und Frieden ein Kriegsdesaster in Syrien oder eine Destabilisierung anderswo daraus geworden. Man glaubte, da Massenproteste über soziale Medien organisiert werden können, an die Kraft des demokratisch-liberalen Gedankens. Zu tief stecken aber muslimisch geprägte Länder in ihrer mittelalterlichen Unfreiheit fest, als dass die zarte Pflanze der deliberativen Aufgeklärtheit, die wohl eher mit dem Westen assoziiert ist, dort ohne Weiteres aufblühen würde. Nur damit ein Machthaber nicht gestürzt wird, der den Tod zu fürchten hat mit dem Verlust seines Mandats als Regierungschef, wurde ein blutiger Bürgerkrieg angezettelt. Assad hat das Land, das er protegieren sollte, in der Verteidigung seines Amtes grausam beschießen lassen und Giftgas eingesetzt und einen Flüchtlingsstrom in Gang gesetzt. Auch hier hatte Putin seine blutigen Finger mit im Spiel, der mit seinem vollkommen irrsinnigen Angriffskrieg gegen die Ukraine für Hunger, Tod und Vertreibung in der Welt gesorgt und dadurch indirekt das syrischeLeid nochmals erhöht hat, da Syrien und der dortige brutale Bürgerkrieg ein wenig in Vergessenheit gerieten, was allerdings auch aufgrund des Aufbrechens zahlreicher anderer Krisenherde der Fall war und ist.

Erst sollte die technisch-virtuelle Revolution erfolgen (Internet) und dann die realgeschichtliche ihr nachfolgen. Von diesem naiven Kausalnexus müssen wir uns verabschieden. Und außerdem gilt: Das Internet bringt die Menschen nicht nur zueinander, sondern ist auch ein Ort der Unwahrheit und Hetze, also von Fake News und Hasskommentaren und Propaganda geworden. Und wenn es die Menschen zueinander bringt, ist es stets auch das Gute, das das Böse schafft. Eine Ent-Grenzung findet nur virtuell statt.

55 Technik hat immer den Vorrang

Wenn jemand, nochmals zitiert, in einer Bäckerei oder aber auch während einer Zugfahrt mit seinem Handy mit jemandem spricht und dabei sein Handeln nicht unterbricht, da es die anderen stört, so wird er trotz dieser unverhohlenen Unverschämtheit akzeptiert, ja als Epizentrum behandelt, dem man zumindest im Fall des Bäckereisettings mit Achtung und Vorsicht begegnet. Niemand fordert ihn auf, das Aufmerksamkeit auf sich ziehende Verhalten zu unterlassen. Im Bann der Technik verhalten sich alle Menschen drumherum wie stille, aufmerksame Mäuschen. Das Dreiste, Ungehobelte eines solchen Verhaltens hat Vorfahrt gegenüber den anderen Fahrgästen, Kunden und dem Bäckereipersonal, bei denen sich eine gewisse geschäftige Scheu und Scham dem Technischen gegenüber im Sinne Günther Anders breitmacht, der, wie oben bereits erwähnt, von „prometheischer Scham" sprach, wonach der Mensch sich angesichts der Übermacht der Technik schämen müsse. Ein wenig gedemütigt angesichts der unfreiwilligen Exposition des Privaten erfahren die anderen Bäckereibesucher die Situation. Das Personal in der Bäckerei passt sich geschmeidig und flink an und wickelt den Fall so schnell wie möglich und mit professioneller Miene ab. Und die anderen Fahrgäste in der Bahn lassen das Geschehen augenrollend über sich ergehen.

Ein anderes Beispiel: Mitten in einem Gespräch kommt der Signalton, der eine WhatsApp ankündigt. Das lockere Gespräch ist nun, wie ein Reh von einer Gewehrkugel getroffen und bricht in sich zusammen, da der Angefunkte der WhatsApp seine Aufmerksamkeit schenkt. Technik ist hier ein Fanal, das wie Bomben riesige Krater ins normale Sozialverhalten reißt. Auch reinkommende Anrufe werden nicht immer abgewiesen, wenn man sich in einer Gesprächssituation befindet. Der andere wird im Regen stehen gelassen, da der technisch vermittelten Kommunikation häufig ein Vorrang eingeräumt wird.

Die Technik ist wie ein D-Zug. Sie hat immer Vorfahrt und sie duldet keinen Aufschub, auch wenn zum Beispiel ein Software- oder Bedienungsfehler vorliegt. Wir sind sofort in unsrem Ablauf gestört, wenn ein solches technisches Problem auftritt. Alles wird, so wird es jetzt erwartet, stehen- und liegengelassen, bis die überforderte Person wieder in seinem Wordprogramm drucken kann oder überhaupt das Schreiben wieder reibungslos funktioniert. Und wehe, das Netz ist nicht da. Solange das Problem besteht, ist alles andere unwichtig und wird der Lösung des Problems nachgeordnet. Die „Störung" muss sofort und schnell behoben werden, damit es weitergehen kann. Wir sind im Alltag so sehr von der Technik abhängig und auf sie fixiert, sodass wir ins Bodenlose fallen, wenn sie uns ihren Dienst momentan versagt. Und wir verbringen nötigenfalls Stunden damit, den „Fehler" zu finden und setzen Himmel und Welt in Bewegung, anstatt sich zunächst einmal handschriftlich zu behelfen, wodurch das Sekundäre des Mediums oder Hilfsmittels, das Primäre, also die Handlung selbst in den Hintergrund drängt. „Das Netz ist da!", ist heute ein so wichtiges Ereignis, wie früher die Aussage: „Es regnet nicht!", angesichts der Ernte. So manch einer hat sein ganzes Leben mit samt tausender Privatfotos im Handy gebunkert. Bei Verlust verliert er alles, was er hat.

56 In der WhatsApp-Gedankenblase

Neulich hatte ich eine WhatsApp an meine Tante verschickt, die man als unhöflich, ja vielleicht unangemessen scharf hätte bezeichnen können. In dieser Nachricht reagierte ich auf eine Mitteilung ihrerseits, dass sie mit der Korrektur meines Textes nur mühsam voranschreiten würde, damit, dass ich quasi indirekt zur mehr Eile aufforderte, da ich noch die Aktualität des Ukrainekriegs mit in den Aphorismen-Text aufnehmen wolle (so kann man sich irren) und ich deshalb auch einen professionellen Lektoratsdienst in Anspruch nehmen könne, wenn sie keine Lust mehr hätte, den Text zu korrigieren. Man hätte die Mail auch mindestens als ungeduldig, maximal als unhöflich auffassen können. Nach dem Motto: „Du bist nicht schnell genug" und als Mandatsentzug.

Nach dem Verschicken der Nachricht, die man wohlwollend auch als direkt interpretieren konnte, verfolgte ich dann, ob sie gelesen würde, was mir auch als blaues Häkchen angezeigt wurde. Was einzig ausblieb, war eine Antwort meiner Schreibhelferin. Ich schickte sogleich noch eine weiter entschärfende Präzisierung, aber auch darauf bekam ich keine Antwort. Nolens volens rutschte ich so in eine negative Gedankenspirale hinein, wie sie für die heutige Messangerdienstkommunikation üblich ist. Warum antwortet sie mir nicht? Ist sie beleidigt? Immer geht man vom Schlimmsten aus. „Wenn sie meine Nachrichten liest und nicht zurückschreibt, kann sie ja nur beleidigt sein!", dachte ich bei mir. Als sie dann auch noch meine dritte, schon als Entschuldigung ausgerichtete Botschaft quasi unkommentiert ließ, brannten bei mir gleichsam die Sicherungen durch. Aus der Negativspekulation war ein Anhauch von „Paranoia" geworden. Für mich galt es, in den folgenden Tagen möglichst diesen Kummer zu verdrängen, den ich niemanden mitteilte, sodass sich der Staubkorn in meinem Auge zu einem Riesenbalken auswuchs. Ich ging mit meinem Hund spazieren und die Gedanken rasten schuldbewusst wie

Elektronen um einen Atomkern herum. Ich erlebte so eine sehr kreative Phase, schrieb, um mich abzulenken, ungefähr zehn Aphorismen, besuchte am nächsten Tag einen Freund in Hamburg. Am sechsten Tag schickte ich noch eine WhatsApp, in der es hieß, dem Sinn nach, dass ich ihr Schweigen nicht länger ertragen könne etc., woraufhin sie mir den wahren Grund ihre Antwortlatenz verriet: Sie hätte einfach keine Zeit gehabt zum Antworten, da sie mit einem Besuch beschäftigt gewesen ist. Was denn dieser Quatsch solle? Alles Bangen und Spekulieren löste sich in Wohlgefallen auf. Und die Moral der Geschicht': Glaube deinen WhatsApp-Fantasien nicht, sondern nimm das Telefon in die Hand und kläre das Ungewisse auf, ehe es dich zermanscht, was wir, im Modus der schriftlichen Kommunikation gefangen, oftmals unterlassen.

57 Erzwungene Zukunft?

Freilich ist ein gerütteltes Maß an Utopie an der Art und Weise, wie sich die Zukunft gestaltet, unabdingbar und beteiligt, damit sie eintritt. Ohne Wille auch kein Weg. Aber vielfach sah die Zukunft, die man sich utopisch ausmalte, dann doch anders aus als angenommen. Denn: Nach Wilhelm Busch „kommt es erstens anders und zweitens, als man denkt". Vielleicht muss man hinsichtlich einer Zukunftsutopie zwischen technischen und sozialen Utopien unterscheiden, wenn es um eine Beurteilung des jeweils Utopischen geht. In der Politik verhält es sich genau andersherum wie bei der Technik. Hier herrscht vielmehr heute ein Mangel an konkreter sozialer Utopie und kapitalistischer

Alternative, wenngleich vieles kaum bekannt wird, und wenn ja, für viele träumerische Zukunftsmusik und keine ernstzunehmende Alternative darstellt. Ein Blick in die Geschichte der Zukunft, um auf die technischen Utopien einzugehen, lehrt jedenfalls: Man hat in der Science-Fiction-Literatur sich die Zukunft überwiegend technisch ausgemalt und so wie es in den Romanen von H.G. Wells und Jules Verne vorgedacht wurde, war der Anteil der jeweiligen Gegenwart zumeist zu groß, um die Zukunft in hundert Jahren tatsächlich vorherzusehen und der soziale Utopismus wurde bei einer Faszination des Technischen dabei bei vielen Autoren des Genres fast ganz vergessen oder zugunsten eines rabenschwarzen sozialen Pessimismus verdrängt (v. a. D. im Falle von H.G. Wells und George Orwells), wenngleich es freilich sozialutopische Science-Fiction-Literatur gab und gibt.

Ein Beispiel für eine solche erzwungene Zukünftigkeit ist das autonome Fahren, das schon seit mehr als dreißig Jahren in den Ingenieurköpfen herumschwirrt und es ist noch zu keiner zufriedenstellenden Lösung gekommen. Man hat wohl verkehrsmäßig hier den zweiten Schritt vor dem ersten machen wollen. Statt erst einmal ein sicheres, bezahlbares und solides Elektroauto auf die Straße zu bringen (wie es von VW mit dem ID.3 versucht wird), hat man immer mehr Technik in die Autos hineingestopft, die, wie oben erwähnt, mehr Spielereien und Lifestyle sind und dabei die Basics vergessen: Dass es eines umfassenden Elektronetzes bedarf und dass auch in andere Techniken investiert wird und dass man zunächst einmal ein funktionsfähiges Elektroauto als Massenfahrzeug für jedermann auf die Straße bringt, das dann womöglich auch noch mit Ökostrom fährt. Anstatt dessen hat man jahrelang auf einem Nebengleis vom autonomen Fahren und dem Vermeiden von Verkehrstoten geträumt. Passiert ist in den letzten zwanzig Jahren zwar viel, aber de facto wird es wohl noch einige Jahre dauern, bis rechtliche, sicherheitsmäßige und die technische Komplexität betreffende Hindernisse aus dem Weg geräumt sein werden.

Man kann die Zukunft nicht erzwingen, wie es Elon Musk mit SpaceX und Tesla unternommen hat. Oder doch? Ein wenig Zukunftsmusik spielt wohl immer ein wenig mit bei der Kristallisierung dessen, was einst kommen wird. Aber man hört nur die Zukunftsmusik, man sieht das Orchester nicht, wo es spielt, also wie es aussieht, ob es sich überhaupt um ein Orchester handelt, um im Bild zu bleiben, wenngleich es z. B. mit Erik Olin Wrights „Reale Utopien" gibt, die nicht nur Ahnung sind und die nicht nur Wünschbares ausdrücken, sondern aufzeigen, wie Gangbares jenseits des Kapitalismus auch umgesetzt werden könnte. Fest steht, dass die Menschheit allzu häufig aus scheinbar rationalen Gründen aufs falsche Pferd gesetzt hat. So zum Beispiel bei dem Just-in-time-Lieferungsverfahren. Wenn ein Teil fehlt, wird es durch einen Hubschrauber herbeigeschafft. Die Störanfälligkeit und Fragilität der Globalisierung ist uns mit der Coronapandemie und Engpässen in der Medikamentenversorgung kräftig um die Ohren geflogen und die Abhängigkeit von russischem Gas, also eine Eindimensionalität des Zukunftstraums („Wandel durch Handel") hat der Ukrainekrieg schamlos aufgedeckt. Bevor man wilde Zukunftsszenarien entwirft und daran arbeitet, müsste man in ganz einfachen Dimensionen zu denken anfangen. Es gilt, den ersten Schritt vor dem zweiten zu machen, wichtig und unwichtig, primär und sekundär zu unterscheiden. Schon mein Vater schrieb in seiner Schulzeit Aufsätze mit dem Thema „Wie verlagert man den Verkehr auf die Schiene." Er wird in diesem Jahr fünfundachtzig und es ist kaum etwas besser geworden: Der Personenverkehr ist verhältnismäßig viel zu teuer; ähnliches gilt für den Güterverkehr. Immer noch brausen tonnenschwere CO_2-Schleudern als Lastwagen über die Autobahnen und eine Verkehrswende ist nicht in Sicht.

Auch die technischen Utopien wie die Prophezeiung einer Superintelligenz wie von Nick Bostrom und dass uns eine künstliche Intelligenz bald überflügeln und beherrschen würde, helfen nicht weiter, außer dass man achtsam ist und nach Günther Anders technisch nicht alles, was denkbar ist, auch umsetzt. Statt in die Zukunft auszuschwärmen, sollte man in der Gegenwart das tun, was möglich ist und so die Weichen für die Zukunft auf Sicht stellen und dann in Etappen vorgehen. Mehr, aber auch nicht weniger ist möglich. Den größten Verhinderer aber eines ökologischen Bewusstseins und Pragmatismus, die kapitalistische Wirtschaftsform, muss man eventuell durch planwirtschaftliche Konzepte oder systemimmanent durch ein bedingungsloses Grundeinkommen ablösen bzw. ergänzen. Insbesondere bei den diskutierten planwirtschaftlichen Ansätzen könnten die Digitalisierung und die KI hier mal einen sinnvollen Beitrag leisten. Ohne die Wirtschaftsform zu ändern oder zu modifizieren, wird uns die Welt, wie es sich jetzt schon abzeichnet, zu einem lebensfeindlichen Planeten. Es wird aber nicht zu einem harten Schnitt kommen, sondern wir werden langsam, Schritt für Schritt, in die Utopie hineinwachsen. Eine Idee ist es, die, einmal in die Welt gesetzt, wie Dominos umfallen, sich weiterverbreitet. Ohne einen Tipping-Point wird auch nichts angestoßen und kann nichts Neues gedeihen. Eine Mischung aus Konservatismus und Fortschritt ist ratsam.

Und die Frage, ob Computer jemals Gefühle empfinden und ein Bewusstsein entwickeln werden, ist müßig und akademisch.

Um einem Computer Leben einzuhauchen, müssten wir sowohl die mentale Innenwelt wie die Außenweltwahrnehmung besser verstehen. Dass es ein selbstständiges Bewusstsein von Computern geben wird oder wir mit Computern verschmelzen, ist möglich, aber für das Heutzutage nicht relevant, weswegen ich mich in diesem Text auch nicht zur Robotik äußere. Heute sollte vielmehr ein (möglichst geldloses), alternatives Wirtschaftssystem angepeilt oder systemimmanent umgesteuert werden, was zu einer Menschheitsaufgabe erhoben werden sollte, die uns ein Ziel in Aussicht stellt, ähnlich wie die Mondlandung in den 60er-Jahren des 20. Jahrhunderts. Wie der Traum vom Fliegen, so sollte uns der Traum vom gerechten und ökologisch vertretbaren Leben, eventuell gar jenseits des Kapitalismus oder in einer modifizierten Form elektrisieren.

58 Vier Arten des Scheins

Wir sind längst nicht so technisch versiert, wie es den Anschein hat (siehe I 9). Es wird vielmehr eine Professionalität vorgetäuscht, die so gar nicht existiert, wenn wir beispielsweise über Snapchat ein Foto mit Filter ins Netz stellen. Wir sind aber in der Regel keine Grafikdesigner. Nur das Programm oder die App, die wir nutzen, täuscht dieses aber vor. Es wird eine Perfektion erwartet und vorgegaukelt, die so gar nicht vorhanden ist. Das „Posten“ ist somit der neue „Schein des Scheins“, wie es Nietzsche auszudrücken pflegte. Der Schein ist hier einmal das perfektionierte Pos(t)ing, zum anderen das, was Marx im „Kapital“ als den „Fetischcharakter“ bezeichnet hat. Der

Kapitalismus ist ein Schwindel und ein Meister des Verbergens der Tatsache, wie ein Produkt im kapitalistischen Prozess entstanden ist. Die Digitalisierung führt diesen Scheincharakter der Ware nun fort. Sie führt zu einer Verdeckung der Härte des Daseins, die hinter dem Kapitalismus als Realität steht, wenn wir beispielsweise mit nur einigen Klicks ganz unkompliziert etwas „im Netz" kaufen. Dahinter steht eine große logistische und eine Mechanisierung absorbierende Kraft von der Bestellung, manchmal über die Produktion bis hin zur Versendung und Lieferung der Ware, die weitgehend im Verborgenen stattfindet.

Und zu diesem Schein gesellt sich nun die Verschleierung unseres tatsächlich nur rudimentären Wissens und die Täuschung, die wir in dem Augenblick vornehmen, in dem wir ein mit Filterfunktion bearbeitetes Foto im Internet posten. Scheincharakter hat das Foto also auch, weil es nicht selten bearbeitet ins Netz gestellt ist, was heißt, dass es etwas mit Posieren, Fingieren, Sich-interessant-Machen zu tun hat, nicht mit Wahrheit. Es muss immer etwas Besonderes sein, sonst bräuchten wir es auch nicht zu veröffentlichen. Die Besonderheit erhält unser „Post" zumeist aber nicht durch eine tatsächlich gegebene Außerordentlichkeit, sondern indem wir das Banale aufhübschen, was wiederum durch den Scheincharakter geschieht, der uns und anderen eine Professionalität suggeriert, die gar nicht vorhanden ist. Jede noch so öde Banalität wird im Netz publiziert. Die Menschen verlieren ihre Gewöhnlichkeit aber nicht dadurch, dass sie diese technisch reproduzieren. Im Prinzip sind sogenannte soziale Netzwerke Tummelplätze für die Menschen, die in der Lebenswelt den kommunikativen Austausch verloren haben oder diesen vermissen, um kompensativ im Internet dieses sich entziehende Bedürfnis zu stillen.

Der Kapitalismus hat einen Scheincharakter. Die neuen Medien nähren und perpetuieren diesen, und zuletzt kommt noch der Schein des Sozialen dazu (die 4. Bedeutung des Scheins hier), der durch das Haben von „Followern“ und „Likes“ genährt wird. Das, was wir in der Lebenswelt vermissen, kann die Scheinwelt der sozialen Netzwerke nicht oder nur unzureichend kompensieren. Wir haben es also mit vier Scheinarten zu tun: das Vortäuschen von Perfektion, den Fetischcharakter der Ware, das Fingieren von Wahrheit und der Schein als sozialen Selbstbetrug.

59 Das Fraktale und Flüchtige

Zu gerne schauen wir kurze Filmchen, Reels, die uns aus dem Alltag der „verwalteten Welt“ herausheben. Das Leben ist nicht mehr interessant genug, weswegen wir in die Scheinwelten des Internets flüchten, da sich mit Heidegger nur noch dort noch etwas „er-eignet“, möglichst in einem Weltfragment, das witzig, anrührend, verblüffend oder dumm anmutet. So entwickeln wir nachgerade eine kokainähnliche Neigung zum stilisierten Ausschnitthaften, das wir uns quasi immer süchtiger nach neuem Stoff „reinziehen“. Aus der Einsamkeit wird so ein Lachen und aus einem Lächeln wird eine manipulierte Realität. Denn wir glauben in unserer Filmchensucht, dass die Videos, die wir auf sozialen Netzwerken kursieren lassen und konsumieren, insbesondere auf TikTok oder Instagram, actionhaftiger sein sollten als das Leben selbst. Es entsteht gar der Eindruck, die Welt müsste regelmäßig auch so bunt und schrill sein wie im Internet präsentiert. Man will unterhalten werden, den schnellen Spaß, den „Weltquicki" und so wird jeder Weltkontakt, wenn er denn mal zustande kommt, jede noch so banale Begegnung mit der Welt zu einer mitteilenswerten Aktion hochgejazzt, die freilich dann noch manipuliert werden muss, bevor wir die angebliche Sensation in das „Netz" stellen.

Das Ausschnitthafte der Reels ist ein Modus der Weltbetrachtung geworden. Die Welt dringt überspitzt formuliert nur in den kurzen Momenten des Absetzens der Kopfhörer zu uns vor, ist eben volatil. Der Weg in die Welt ist durchs Handy vorgegeben. Die Welt wird so ans Smartphone angepasst und nicht etwa umgekehrt. So wird jede Banalität zu einem mitteilenswerten Spaß aufgebauscht. Wir erleben und konstruieren Coolness als ein Überlegenheitsgefühl der Welt gegenüber, die uns als dumm, peinlich und langweilig anficht. Freilich informieren wir uns auch politisch und nicht nur unterhaltend über soziale Medien, was Chancen und Risiken birgt. Chancen können die Erweiterung des Horizontes, Risiken eine einseitige Bestätigung, was man ohnehin schon weiß und die Verabsolutierung des einmal eingeschlagenen Weges durch die normsetzende Kraft der Algorithmen sein. Unterhaltung und politische Information haben dabei die bedenkliche Tendenz, sich im Netz zu vermischen. So wie die Figur des Peter Kien in Canettis „Blendung", der „Feuer fängt", sich also durch Einseitigkeit radikalisiert. Manch apokalyptischen Medientheoretiker wie Rolf Dobelli wittern in den sozialen Medien gar eine Gefahr für die Demokratie.

60 Was alles schief geht

Haben wir uns erst einmal an einen technischen Standard gewöhnt, so ist er unverzichtbar. Wir begeben uns ganz in die Hand der Technik, nicht mehr in die „Hand Gottes". So verwundert es nicht, dass ganz normale Abläufe und Selbstverständlichkeiten störungsanfälliger geworden sind, da sie ganz der Computertechnik überlassen werden. So geschehen auch bei den Abiturientenaufgaben im Jahr 2023: Wo digitale Technik bemüht wird und das geschieht fast in allen Bereichen, da geschehen auch „Pleiten, Pech und Pannen", die letztendlich zumeist der Mensch zu verantworten hat: Im Fall der nordrhein-westfälischen Abiturprüfungen wurde ein Update des Download-Servers im Mai 2023 vorgenommen, das dazu geführt hat, dass das System die hohe Anzahl gleichzeitiger Aufrufe nicht hat bewerkstelligen können und bei der Umsetzung von Plan B passierte ein weiterer Fehler, der den Server nochmals lahmlegte. Die Ursache war also wahrscheinlich nicht der Download eines Videos und auch nicht die Zwei-Faktor-Authentifizierung als zusätzliche Sicherheitsstufe, sondern ein Update. So hat das Ministerium die Abi-Klausuren in NRW in sechs Fächern von Mittwoch auf Freitag verlegt, der unglücklicherweise auf einen der höchsten muslimischen Feiertage, das „Zuckerfest" fiel. Betroffen waren insgesamt rund 30.000 Abiturienten*innen, landesweit 72.000 Schüler. Man will häufig zu viel, ist technikgierig, doch der Faktor Mensch macht einer einwandfreien Nutzung von Technik nicht selten einen Strich durch die Rechnung.

Fast immer ist es der Faktor Mensch, wenn etwas nicht glatt läuft. Die meisten Menschen sind Computerlaien, sodass sie auf

Betriebssysteme angewiesen sind. Die können aber schon mal fehlerhaft sein oder in der Anwendung können Fehler passieren, sodass es dann an den IT-Firmen liegt, die Software ausreichend zu erklären und das jeweilige Personal hinreichend anzuleiten oder technisch nachzuschärfen. Aber es passieren Pannen, wo die Technik im Spiel ist.

So erlebte ich neulich bei meiner Psychiaterin, dass eine neue Software fehlerhaft aufgespielt wurde. An dem Vormittag, nach dem am Tag zuvor das neue Programm hochgeladen worden war, entstand dann ein pures Chaos. Nichts IT-Technisches funktionierte noch. Es konnten somit keine Rezepte mehr ausgestellt werden, keine Patientenakten waren mehr verfügbar und auch die Funktion des Berichtens über den Krankenzustand war nur noch per Stift und Papier zu bewältigen. Die ganze Praxis lief aus dem Ruder. Die Patienten standen bis fast herunter zum Eingang des Ärztehauses, in dem die Praxis untergebracht ist. Das Praxisteam, so könnte man sagen, hatte sich ephemer verzockt. Man wollte unbedingt eine technische Erleichterung in der Handhabung der Praxisorganisation implementieren. Man hatte das alte aus der Hand gegeben, obwohl es funktionierte und ein immer mit dem Risiko einer zunächst immer gegebenen Störanfälligkeit behaftetes neues Programm hochfahren lassen. Der IT-Dienstleister hatte nur den Rat erteilt, einen Reset durchzuführen, war aber danach nicht mehr zu sprechen. Das Problem lag aber bei der IT-Firma und war, wie sich herausstellte, ganz einfacher Natur: Man hätte nur noch ein Update durchführen müssen. Mit der Zeit, so könnte man sagen, sind das Kinderkrankheiten, und letztlich ruckelt sich die Sache mit der Zeit immer wieder zurecht. Wir leben in einer Übergangszeit nicht mehr von der bürgerlichen zur Arbeitswelt, wie Ernst Jünger geunkt hatte, sondern von der

Arbeitswelt zur Computerautomatisierungswelt. Die Computer werden mit der Zeit immer besser werden, nicht aber der Faktor Mensch. Das galt und gilt auch für das digitale Rezeptieren von Medikamenten, wo es beispielsweise am 14. Februar 2024 zu einem deutschlandweiten Totalausfall kam.

61 Homo digitalis nach Hepp und Hanselle

Der Psychologe Johannes Hepp geht in seinem 2022 erschienenen Buch „Die Psyche des Homo Digitalis“ den Neurosen 4.0, die qua Digitalisierung zu grassieren scheinen, nach. Insgesamt beschreibt er einem wissenschaftlichen Krankheitsschlüssel folgend einundzwanzig diverse Neuroseformen, die in Zusammenhang mit dem Phänomen Digitalisierung gebracht werden können, wobei der Neurotizismus nach Hepp, der eine Studie dazu zitiert, als Hauptdimension der Persönlichkeit heute angesehen werden kann. Er unterscheidet dabei drei zentrale Kategorien, innerhalb deren sich digitaler Neurotizismus einteilen lässt: Liebe, Arbeit und Sinn, wobei die Kategorien nur eine grobe Orientierung darstellen, nicht immer trennscharf sind, sondern eher einem Sammelsurium entsprechen, in der hier auch ganz unpassende Unterpunkte eingeordnet werden. Von Relevanz in unserer Hinsicht einer technischen Überforderung ist die sogenannte Internetsucht, die wir oben mit der ständigen Bereitschaft eines Cowboys, den Revolver zu ziehen, verglichen haben. Wie oft schaut man am Tag auf sein Smartphone in der zwanghaften Angst, etwas zu verpassen. Erwähnenswert ist hier freilich auch die Profilneurose, die sich durch ständiges Konsultieren von sozialen Medien auszeichnet. Der „Angeber" ist der beste Klient von sozialen Medien. Der kluge und die Öffentlichkeit scheuende „normale Mensch" käme gar nicht auf die Idee, ständig Belanglosigkeiten zu posten und in die Welt zu setzen. Schon das denglische Wort für diesen Vorgang („posten") inhäriert so etwas wie ein Posing, also sich profilneurotisch zu betätigen und die Wichtigkeit seiner Person anzunehmen und an den Likes zu messen, die ihm seine ebenfalls narzisstisch gestörten Follower gewähren.

Auch die Liebe ist von einer digitalen Entfremdung nicht verschont. Dass die Liebe im Zeitalter der Erschwernis ihres Zustandekommens ebenfalls davon betroffen ist, dürfte kaum jemanden heutzutage verborgen geblieben sein, weswegen in Deutschland schon 36 % der Beziehungen qua Internet zustande kommen und von dem Regen eines Unterangebotes in der Lebenswelt in die Traufe eines Überangebotes an angeblich attraktiven Partner*innen fallen. Da wird freilich getürkt und „gephotoshopt", was die Bildbearbeitungsprogramme hergeben und bei einem Überangebot an Manipulationsmöglichkeiten wächst der eigene Anspruch ins Unermessliche. Auch hier kann es zu einem suchthaften Multioptionalismus kommen und zu einem „Verliebtsein ins Verliebtsein", um Hepps Haltung zu paraphrasieren. „Je größer die anfängliche (Selbst-)Täuschung, desto größer die spätere (Ent-)Täuschung", wenn durch ein Erlebnis die Abwehr des Realen nicht mehr aufrechtzuerhalten ist. Das gilt nach Hepp auch dann, wenn die Angaben im Profil oder im Chat ehrlich sind. Letztlich gerät man und frau auch beim digitalen Flirten in einen Strudel von Abhängigkeiten und falscher Erwartungen, da Menschen (heute) nichts lieber mögen als ihr Äußeres und Aufmerksamkeit und danach beurteilt werden wollen.

Zur Kategorie Liebe gehören nach Hepp auch Bewertungszwänge (exhibitionistische Neurosen) und auch Erziehungsneurosen, für die gilt, dass hier ein perfektionistischer Geist sein Unwesen treibt, was Hepp aber nicht als spezifisches Problem des Digitalisierungszeitalters aufzulösen vermag.

Die Isolationsneurose und was diese mit den digitalen Medien zu tun hat, werden wir weiter unten im Text behandeln (siehe II 2, 3). Festhalten kann man hier noch mal eine Dialektik zwischen Einsamkeit und Technik. Je einsamer der Mensch heutzutage ist, desto mehr greift er zum Strohhalm der digitalen Technik und vice versa (siehe II 12).

Unter dem Bereich „Arbeit" fast Hepp die heterogenen Unterpunkte Arbeiten, Hass, Neugier, Ranking, Ruhm, Doping und Aussteigen zusammen. Zur Kategorie des Arbeitens ist festzuhalten, dass Hepp wie ich von einem Zustand des Nur- und zugleich häufiger prekären Arbeitens ausgeht, der Permanenz und des Primates des Arbeitens, das nur durch einige wenige Streifzüge durch die Fußgängerzone mit einem Eis in der Hand durchbrochen wird. Das Leben ist, wie bereits erwähnt, freudloser geworden. Wir sind ungeachtet von Viertagewoche und günstiger Work-Life-Balance oftmals arbeitssüchtig, dessen inverses Relat das hemmungslose Shopping ist. Ein Hobby ist allenfalls das Internetsurfen, das man aber kaum als gesellig bezeichnen kann.

Im letzten Kapitel, das mit „Sinn" überschrieben ist, spricht Hepp davon, dass man Wahrheit und Lüge seit der digitalen Revolution nicht mehr so ohne Weiteres auseinanderhalten könne. Eine interessante und nützliche Lüge scheint manchmal die bessere Wahl, als die Wahrheit zu sein, was Trump etliche Male unter Beweis gestellt hat und wohl künftig unter Beweis stellen wird. Die Welt ist voller Fake News, was wiederum eine

Sehnsucht nach Einzigartigkeit und Authentizität in dem spätmodernen Subjekt geweckt hat. Wir sollten nicht Wahrheit in Lüge, sondern umgekehrt Lüge in Wahrheit transferieren.

Weiterhin stellt Hepp fest, dass unsere mentalen Fähigkeiten mit der „Perfektion der Technik" (Friedrich Georg Jünger) nachlassen, da wir diverse kognitive „Muskelgruppen" gar nicht mehr beanspruchen, weil wir immer mehr der Technik überlassen (siehe I 22). Wir werden nicht nur angesichts von Maschinen auch immer dümmer (auch im Vergleich), sondern wir werden in Konkurrenz zur Maschine vermutlich teilweise selbst zur Maschine werden (Transhumanismus). Die Welt ist angesichts technischer Revolutionen, die sich wie Dominosteine verhalten, aus den Angeln, was eine Hilflosigkeits- und Fatalismusneurose nach sich ziehen mag. So wie es Wissenschaftler und Laien gibt, die die alles durchdringende Wichtigkeit der Wirtschaft postulieren, so gibt es eben solche Personen, die behaupten, das Gleiche gelte für den Datenfluss, was Yuval Noah Harari „Dataismus" genannt hat. Eine Konsequenz könnte sein, dass auch der Mensch für den optimalen Datenfluss optimiert wird. Bis dato ist das menschliche Gedächtnis durch Unzuverlässigkeit und Vergessen gekennzeichnet, was im Sinne Nietzsches auch ganz gut so ist (siehe I 28). Deshalb träumen so manche Wissenschaftler von Neuroprothesen im Gehirn des Homo sapiens, also von digitalen „Gehirn-memory-Extendern" (als Gedächtnisimplantaten), was eine Idee ist, die beispielsweise Elon Musk umtreibt und nicht nur eine Idee ist, sondern bei kranken Menschen schon probeweise angewandt wird. Doch: Wer will sich schon an alles erinnern? Nur das Faktengedächtnis könnte so verstärkt werden. Ansonsten kann man es mit Nietzsche halten, wonach das Vergessen die Basis für neue Gedanken ist.

Nach Ralf Hanselles Essay „Homo digitalis. Obdachlos im Cyberspace“ hat die Digitalisierung den gleichen Stellenwert, wie es für den Medienwechsel von Bild- zur Schriftkultur der Fall war, der sich aber nicht innerhalb von Jahrhunderten, sondern innerhalb einer Generation vollzogen hat und vollzieht. Der Essay fängt nun diese Entitäten ein, die es angesichts der digitalen Kulturwende einen erheblichen Einschnitt verbuchen müssen, sei es der Tod der Kathedralen, der Bibliotheken oder zum Beispiel der Landschaft, die der „dissoziierte Mensch“ als scheinbare Verlierer des Wandels zu vergegenwärtigen hat.

62 Mal eben so etwas posten

Die Challenge bestand darin, mein neuestes Buch zu promoten, indem ich das Cover poste, um es so unter die Netzgemeinde zu bringen. Es handelte sich um eine PDF-Datei vom Verlag. Als ich das Cover auf Facebook veröffentlichen will, stellt sich aber (für mich) unerwartet heraus: Es taucht nirgendwo in der Fotogalerie auf, sondern bei den Downloads. Ich finde den Knopf nicht oder es lässt sich auf Facebook und Instagram keine PDF-Datei hochladen? Ich mache also selbst ein Foto vom Cover mit meinem Handy, was freilich nicht so professionell wirkt. Wie entferne ich nun die Lichtflecke? Ist das Bild auch scharf genug? In jeden Vorgang muss ich mich hineinfuchsen, da ich, man glaubt es kaum, noch nie ein Foto bearbeitet habe. Es gelingt nur durch ein tentatives Klugwerden. Die vielen Funktionen nerven und überfordern eher, als dass sie nützlich sind.

Immerhin, der Text ist leicht eingebbar. Wenn ich etwas in einer Bücherfacebookgroup posten will, erscheint dieses auch in der E-Mail meiner Facebook-„Freunde“? Wenn ja, wie kann ich das abstellen? Wie erreiche ich eine möglichst große Zielgruppe? Und wenn ja, warum nicht!

Die nächste Baustelle ist Twitter. Wie funktioniert Twitter eigentlich überhaupt? Wer „sieht“ das, wenn ich etwas poste? Wohl in der klassischen „Einstellung“ nur meine Follower? Ich veröffentliche nur dann etwas, wenn ich etwas Substanzielles mitzuteilen habe, also einen Aphorismus, der mir an diesem Tag gerade in den Sinn gekommen ist. Wieso habe ich dann nur 465 Follower, während Leute, die den letzten banalen Unsinn veröffentlichen, eine große Phalanx von Followern vorweisen können? Ich folge ca. 900 Accounts. Ich werde also von ca. 400 nicht zurückgefolgt. Nur, wenn ich ein neues Buch herausgebracht habe oder mir ein Aphorismus eingefallen ist, dann nehme ich das zum Anlass, diese Information via Twitter zu veröffentlichen. Ich greife nur zum Mikrofon, wenn ich etwas mitzuteilen habe, also in unregelmäßigen und längeren Abständen und auch nur gelegentlich und längst nicht alles. Und genau das ist der Fehler. Lieber kontinuierlich gewöhnliches Zeug als nur dann, wenn, man wirklich etwas mitzuteilen hat. Das scheinen die neuen Spielregeln zu sein. Das Außergewöhnliche verschwindet in der Netzwelt wie nach Foucault „das Gesicht am Strand“. Und es gilt: Cuius regio, eius religio, jede Netzseite sozialer Medien hat ihre individuelle Einfärbung und man muss sich jedes Mal von Neuem durchfuchsen. Bei Twitter kann ich es mal mit der Hashtag-Funktion versuchen, um von mehr Leuten als meine Follower gesehen zu werden, lese ich in einem Ratgeber. In mir sträubt sich alles gegen das „Posting-Gepose“, weswegen ich längst nicht alles dort veröffentliche.

Digitale Arbeit macht (mir) wirklich keinen Spaß. Irgendwer muss auch Substanz produzieren, was nicht der Fall ist, wenn man sich den ganzen Tag in und mit sozialen Netzwerken aufhält und damit beschäftigt ist, nichtvorhandenen Content zu generieren.

Substanzlosigkeit, das gilt auch für das Exhaustion-Phänomen, das die neuen Medien bisweilen ausüben. Wir schauen pflichtbewusst die Nachrichten (möglicherweise sogar im Fernsehen) und danach folgt ein unterhaltsames Fernsehspiel. Wir werden nun, wenn wir uns nicht vom Fernseher lösen, hineingesogen in die seichten Gewässer der Fernsehunterhaltung und es kostet uns einen nachgerade Kraftakt, um nicht verhext von dem Seichten die ganze Komödie anzuschauen. Wir werden sanft von dem Seichten unterspült und davongetragen.

Das gilt auch für das Surfen im Internet. Wir bleiben einfach bei den lustigen Filmchen auf Instagram oder TikTok hängen und schon hat man eine halbe Stunde seines Lebens, wenn man es genau nimmt, mit der Konsumtion von Unsinn vergeudet.

63 Überforderung durch die IT-Sprache

Die Informationstechnologie (IT) hat vom Smartphone über KI bis Internetanwendungen einen unaufhaltsamen Siegeszug angetreten. Die IT ist allgegenwärtig. Trotz ihrer Omnipräsenz ist nicht nur das, was technisch dahintersteht, oftmals unverständlich. Man bekommt als Laie nur die Spitze des Eisbergs zu Gesicht: Die IT-Sprache, die auch als „Tech-Sprech" bekannt ist. Überall, wo dieser Eisberg sichtbar wird, stößt der User eine Vielzahl von enigmatischen Fachbegriffen, Akronymen und Abkürzungen wie „odt", „admin", „URL", „Konsole" und es werden aufgrund der Dynamik und Prozessualität der IT-Sprache immer neue Begriffe und Konzepte eingeführt. Für den IT-Fachmann ist es eine solche überwiegend ans Abkürzungsenglisch orientierte Fachsprache von Vorteil, die ihm das Leben und den Austausch mit anderen Kollegen so erleichtert, was Nichtexperten aber immer wieder abschreckt, die beispielsweise die Anleitung zur Behebung einer Programmstörung nicht auf Anhieb verstehen. Die IT-Sprache hat also nicht nur Nachteile, weswegen sie so gebräuchlich ist. Sie ermöglicht es IT-Experten auf präzise und effiziente Weise zu kommunizieren. Die Verwendung von Fachbegriffen verhindert Missverständnisse zwischen Fachleuten. Sie ist ein Appendix der Computersprachen, ohne die vielen smarten Anwendungsmöglichkeiten von Computern gar nicht möglich wären. Es ist aber natürlich die Frage, ob man diese Begriffe und Abkürzungen nicht da, wo man sie als Laie anwenden muss, nicht verständlicher und nachvollziehbarer machen kann und zumindest in einer verständlichen Rezeptsprache verwandelt und nicht einfach so voraussetzt. Wir alle reden in einem hohen Maß in diesem Tech-Sprech, teilweise ist sie in die Alltagsmetaphorik eingedrungen, wenn wir von einem „Back-up" sprechen, um jemanden darüber zu informieren, was seit dem letzten Kontakt oder Kenntnisnahme geschehen ist, und um ihn oder sie auf den neuesten Stand zu bringen oder aber das Gedächtnis mit einer „Festplatte" vergleichen oder man spricht vom „leeren Akku", den man mal wieder aufladen müsste, wenn man erschöpft ist. Dennoch müsste man die Fachsprache mehr von einer Laiensprache trennen, die transparenter und eingängiger gestaltet sein könnte.

64 KI – Fluch oder Segen?

Künstliche Intelligenz, die das menschliche Hirn simuliert und leistungsmäßig darüber hinausgehen soll, hat in den letzten Jahren enorme Fortschritte gemacht, um es mal euphemistisch auszudrücken. Manche Stimmen wie der Google-Chef Sundar Pichai sehen die KI als ebenso bahnbrechend für die Gesellschaft und Industrie an wie die Elektrizität und das Feuer. Wer also allein von Digitalisierung unkt, ist demnach nicht mehr up to date. Auch die Arbeitswelt wird hiervon überrollt werden. Kein Berufsbild wird, ob Müllabfuhr oder Briefträger, losgelöst von der KI sein. Es gibt Einsatzmöglichkeiten in der Schule, in der Medizin, im Verkehr, im Umweltschutz oder in der Fahrzeugtechnik wie im Allgemeinen in der Industrie etc. Nach dem Publizisten Richard David Precht wird es keine stupiden Routinearbeiten mehr geben, was nicht zu bedauern sei. Es wird eine Effizienzsteigerung, eine Fehlerreduktion, eine Automatisierung und eine Datenanalyse von unvorstellbarem Ausmaß geben. Auch das Programmieren selbst und der Einsatz von Chatbots zum Beispiel in Behörden und Einrichtungen und Krankenhäusern wird kommen und ist schon Realität.

Was die KI *nicht* kann, ist auf geniale Art und Weise kreativ zu sein, also etwas ganz und gar Neues zu schaffen. Precht unterscheidet in dieser Hinsicht zwischen zwei Kreativitätsformen, einer naturwissenschaftlichen im Sinne von Problemlösen und einer geistig-genialen Leistung, bei der etwas geschaffen wird, was es so noch nicht gegeben hat, wobei man wohl ergänzen muss, dass die Naturwissenschaft auch nicht ohne die Kreativität und der „Plötzlichkeit“ (Bohrer) von Einfällen und von Zufällen auskommt, damit überhaupt etwas Neues erkannt wird und es zu einem Paradigmenwechsel kommen kann. Für beide Fälle gilt, dass sie auf Inspiration des Typus 2 angewiesen sind. Und für solche kreativ-genialen Leistungen bräuchte die KI Emotionen und Assoziationen und müsste den Alltag beobachten, wie ein Mensch, jedenfalls dann, wenn die „Superintelligenz" (Bostrom) auf vollständiges Verstehen basieren soll.

Ist der Ersatz des Menschen durch die Maschine in fast allen Lebensbereichen überhaupt wirklich erstrebenswert? Den ganzen Tag ohne Arbeit zu verbringen, ist für viele Menschen eine schöne Vorstellung, wenn man es genauer betrachtet, aber für viele de facto ein Horrorszenario. Wäre dieser Zustand nicht eine massive Unterforderung und würde das nicht Depressionen und Aggressionen verursachen, wie sie heute schon zum Beispiel bei Jugendlichen im Schwimmbad und in den Silvesternächten zu verzeichnen sind. Vernünftig ist es wohl nicht, aber es ist der Lauf der Dinge. Der Mensch als anpassungsfähige Spezies würde sich riesige Ergotherapiezentren zur Beschäftigung und Stimulanz von Kreativität errichten müssen, wenn sie nicht dem „Wahnsinn" der Untätigkeit verfallen will.

Der Nachteil wären also Arbeitsplatzverluste. Und es wird einen Missbrauch von KI geben, auf den wir uns einstellen müssen. Wahrheit und Falschheit wären wie heute schon nur schwer noch auseinanderzuhalten. Außerdem könnte es zu einem Fähigkeitsverlust kommen, da man nicht mehr selbst schreiben, denken, organisieren oder kreativ sein muss im Sinne von Problemlösen. Ein Malus wird auch die Fehleranfälligkeit sein, sei es bei der Dokumentation von Patientendaten oder die Rechtslage bei der autonomen Steuerung von Fahrzeugen. Der Mensch wird, solange keine sogenannte „starke KI" zu verzeichnen ist, nach Protagoras „das Maß der Dinge" bleiben. Gerade so etwas wie Emotionalität und deren Zusammenhang mit Kognition verstehen wir noch nicht gut genug und ganz und gar grotesk wird es, einer Maschine Leben im Sinne von einer Seele einhauchen zu wollen. Manche Stimmen sagen für die nähere Zukunft eine Behebung des Fachkräftemangels voraus und verweisen auf den spekulativen Charakter eines Arbeitsloswerdens des Menschen im Zeitalter der KI hin. Der Alltag und das Leben werden künftig immer mehr von KI durchdrungen und bestimmt sein.

II

GESELLSCHAFT UND DEPRESSIVE ÜBERFORDERUNG – WORAN DIE ÜBERFORDERTE SEELE KRANKT

1 Einleitung

Depressionen haben in der „Müdigkeitsgesellschaft“ (Byung-Chul Han) zugenommen, so liest und hört man in den Medien und aus der Wissenschaft, nicht erst seit der Coronaepidemie. Der Begriff wird dort oft synonym und bewusst offen mit „Burn-out“, „Entfremdung“ oder „Ermüdung“ und schließlich mit einem kulturkritischen Blick auf das Phänomen Depression mit gesellschaftlicher „Erschöpfung“ in Zusammenhang gebracht. Nehmen wir an, dieser Befund ist im Prinzip richtig, wovon ich ausgehe, so stellt sich hier die dringende Frage, welche gesellschaftlichen Ursachen hierfür verantwortlich sind.

Immer wieder wird in wissenschaftlichen Texten als Ursache für eine gesellschaftliche Erschöpfung die Beschleunigung der Zeit angeführt. Ein anderer Grund wird abstrakt in einem neoliberalen Denken gesehen sowie vage in den seelischen Auswirkungen der ersten und zweiten industriellen Revolution und deren maschineller Produktion (Belastung durch Arbeit) sowie in der heutigen dritten technischen Revolution (Digitalisierung und KI) erkannt. Die vierte industrielle Revolution ist im Gange. Allerdings gehören Roboter, das Internet der Dinge, heute noch nur peripher zum Alltag des Lebens der Menschen.

In Hinblick auf das Phänomen Depression muss man wohl eine klinische über Klassifikationssysteme erhobene und eine auf einer Entfremdungstheorie basierende Diagnose unterscheiden, wobei letztere zumeist nicht, wie hier versucht, gesellschaftlich multifaktoriell ausgerichtet ist. Monokausal kann so entweder von einem Wertverfall, einer fortschreitenden Individualisierung, einer Tyrannei der Intimität, einer Selbstbezogenheit, einer Selbstausbeutung oder eben von einer

Beschleunigung als depressiver Trigger die Rede sein. Hier ist sowohl der Befund als reine Kulturkritik zweifelhaft, wie auch die Konstatierung einer ausschließlich monokausalen Ursache für eine gesellschaftliche Erschöpfung zu unterkomplex und undifferenziert ausfällt.

Sowohl administrativ (über Krankenkassenmeldungen) als auch epidemiologisch (über Fragebögen) ist ein Zuwachs an depressiven Erkrankungen seit 1990er-Jahren wohl weder nachweisbar noch falsifizierbar. Es gibt aber zahlreiche Indizien für einen Anstieg wie die gewachsene Anzahl von Therapieplätzen wie Psychiatern und Therapeuten, die auch wachsenden Zuspruch erfahren haben. Ein weiterer Hinweis liefert die Tatsache, dass Arbeitnehmer*innen sich immer länger und häufiger wegen psychischer Erkrankungen krankschreiben lassen. Es ist ein Faktum, dass die Fallzahlen steigen und das tun sie wohl nicht ausschließlich aufgrund einer besseren Erfassung von psychisch Kranken und einem Rückgang an Stigmatisierungen, die dann zu einer häufigeren Diagnosestellung führen würden. Die Depression ist für den sie Erleidenden, wenn sie klinisch relevant ist, subjektiv ein Leiden, das sich auch nicht durch den Verweis auf den krankmachenden Diskurs der Depressionsreflexion (Eva Illouz) an- und weghexen ließe. Und: Allein schon die hohen Fallzahlen sind alarmierend genug, ob sie nun gestiegen sind oder nicht. Wie dem auch sei. Die Depression kann eine schwerwiegende Erkrankung sein. Ist sie arbeitsbedingt, geht ihr vielfach ein Burn-out voraus.

Man muss also zwischen einer klinischen und einer Verstimmtheitsdepression (Melancholie) unterscheiden. In kulturellem Zusammenhang ist zumeist von letzterer die Rede. Die klinische Depression (die oft mit unübersehbaren kognitiven Beeinträchtigungen einhergeht) ist sowohl kulturell wie auch naturwissenschaftlich erklär- bzw. deutbar. Im Folgenden ist mit „Erschöpfung" beides gemeint, die klinische wie die Verstimmtheitsdepression. Die beiden Depressionsformen können die gleichen gesellschaftlichen Ursachen haben. Es gibt aber auch nicht zeitgemäße, sondern individuelle Ursachen für ein depressives Leiden, die hier ausgeblendet bleiben sollen.

Im Folgenden sollen also die gesellschaftlichen Auslöser für eine depressive Überforderung konkreter und nicht auf ein Prinzip, sondern multifaktoriell auf mehrere Ursachen zurückgeführt werden.

Eine Depression im obigen Sinne geht demnach en nuce auf folgende gesellschaftliche Faktoren zurück: Die soziale und sexuelle Distanz hat zugenommen (II 2, 3), außerdem hat das Problem der Erschöpfung eine zeitliche Dimension (II 4). Sie hat zudem etwas mit sozialer Differenzierung und Fragmentierung zu tun (II 5). Es gilt ebenso die Rolle der Technik in diesem Zusammenhang zu berücksichtigen (II 6) Auch die bereits angesprochenen Phänomene Digitalisierung (II 7) und Reizüberflutung (II 8) werden hier nochmals thematisiert und es ist ein moderner Lebenssinnverlust zu verzeichnen, der zu einem Anstieg der psychischen Erkrankungen geführt haben mag (II 9). Es gilt außerdem, die Depression, die durch die moderne Arbeitswelt ausgelöst wird, zu betrachten (II 10). Erwähnung soll außerdem die Coolness der Gesellschaft als Trigger von u. a. Depressionen finden (II 11) Weiterhin gilt es, das Phänomen der „neuen Einsamkeit" (Diana Kinnert) in die Argumentation aufzunehmen (II 12). Die weltpolitischen Belastungen in „unruhigen Zeiten" werden in den kommenden Zeilen nicht noch einmal gesondert behandelt (siehe Einführung).

Es gibt einige Studien, die zum Ergebnis kommen, dass die Schizophrenie vermutlich seit den 90er-Jahren keine erhöhte

Prävalenz zu verzeichnen hat. Wenn man von einem Anstieg psychischer Erkrankungen spricht, so sind auch damit die häufiger vorkommenden Depressionen und Angststörungen und deren Unterformen gemeint sowie ADHS, Autismus-Spektrum-Störungen (ASS) und Essstörungen.

2 Sexuelle Distanz

Man kann angesichts von einer depressiven Hemmung des Aufeinanderzugehens der Geschlechter soziohistorisch mit Norbert Elias von einer „Überzivilisierung" sprechen, die ein freiwillig-unfreiwilliges Vermeidungsverhalten von geschlechtlicher Annäherung mit sich brachte. Dieses Vermeidungsverhalten hat seine Ursache in einem liberalisierten Sexualverständnis sowie in einer falsch verstandenen Gleichmacherei von Mann und Frau, auf die nicht nur sensible junge Menschen heute mit Scham und Peinlichkeitserleben reagieren. Die erotischen Reize haben außerdem zugenommen (Film, Fernsehen, Internet im Straßenbild) und es kann (vermeintlich) jede mit jedem, ausgehend von den sexuellen Reizen, eine Sexualbeziehung eingehen bzw. es wird ein sexueller Reiz empfangen oder ausgesendet an mehr Personen, die „eigentlich", wenn man ganz konventionell-ideal von der Liebe ausgeht, als Sexualpartner nach Matchingpoints infrage kämen; weder rechtlich noch sozial ist dem „freien Verkehr" eine Grenze auferlegt. Aber genau da fängt das Problem an. Jedes Aufeinanderzugehen wird als Nachgeben der allgegenwärtigen sexuellen Reize interpretiert. Und so kommt es zu einer fortgesetzten Ausklammerung des

Eros und zur Betonung des außersexuellen Miteinanders in der Lebenswelt. Männer und Frauen der Generation X, Y, Z flirten, verstanden als sexuelle Kommunikation, kaum mehr in der Lebenswelt miteinander, jedenfalls nicht so, dass in der Regel, frei nach Robert Musil, etwas daraus hervorginge. Sie reden fast ausschließlich betont-sachlich auf platonisch-freundschaftlicher Ebene miteinander, wodurch ein Gewöhnungseffekt des anderen Geschlechts verstärkt worden sein mag, welcher das Sexuelle weitgehend ausblendet, es in den Hintergrund drängt. Männer und Frauen, die ab ca. 1970 und später geboren wurden, haben das Schicksal kameradschaftlicher Ausblendung des Sexualtriebes in der Schulzeit erlitten und erlernt, da sie mit dem anderen Geschlecht groß geworden sind und so sind sie en gros, wenn nicht „geschlechtslos", dann zumindest trieberfüllungsarm sozialisiert; aber es schlummert in ihnen das Sexuelle wie eine Zeitbombe, was auf das ersatzweise Schauen von Pornos und Selbstbefriedigung hinausläuft, die heute allverfügbar sind und eben zu sexueller Frustration und seelischer Erschöpfung beigetragen haben.

Die Erschöpfung resultiert also primär aus der zivilisatorischen Geschlechterdistanz, die nicht vollständig durch Konsumerlebnis oder Erlebniskonsum kompensiert und sublimiert zu werden vermag. Man lebt in dem seelischen Zustand des glücklich-unglücklichen „Nur-Arbeitens" als Inklusions- und Exklusionsgefühl, das durch einen erfahrenen Konsum nur unzureichend konterkariert werden kann: Man kauft sich der Mode entsprechende Kleidungs- und Konsumgüter, um einerseits ein Einkaufsziel beim allgemeinen Fußgängerzonen-Laisser-faire zu haben, andererseits versucht man immer (aufgrund der Geschlechterdistanz) antithetisch seine Attraktivität zu steigern oder zu erhalten und es werden Zeiträume im Alltag eröffnet, die dazu dienen, der Optimierung des Ästhetischen nachzugehen, wo es „mit dem Nachbarn nicht mehr klappt". Zusammenfassend kann man diesen Typus des „sexuellen Apathikers" (Manfred Geier) auf die Formel: „Trieb trifft auf Distanz!", bringen. Es wird einerseits eine erotische Reizung vor Augen gestellt, die im gleichen Atemzug aber andererseits aufgrund einer sexuellen Distanz oder einer Distanz angesichts des Sexuellen verschlossen wird, was man die Tantalusqualen des Menschen von heute nennen kann. Hier zeigt sich der Vorgang des Öffnens und Schließens, den Heidegger in seiner Kunstontologie für Kunstwerke beschrieben und die schon Freud als „Unbehagen in der Kultur" bezeichnet hat: unfreiwilliger Triebverzicht im Sinne eines gleichzeitigen Verlockens und Verbergens sexueller Reize. Man kann diese sexuelle Distanz mit Edmund Husserl als „sexuelle Epoché" bezeichnen. Nochmals das Obige zusammengefasst: Die „sexuelle Epoché" entsteht aufgrund einer Hypersexualisierung des Erotischen, die sich u. a. in lasziver Kleidung ausdrückt und zu einer Art Scheu dem Sexuellen gegenüber geführt hat. Eva Illouz spricht in dem soziologischen Essay „Warum Liebe weh tut. Eine soziologische Erklärung" von der Bindungsangst der Männer, während Frauen zu zögerlich seien, eine Beziehung einzugehen, nicht von einer grundlegenden Distanz.

Weiterhin verstoßen die Pluralität und Fülle von Sexualpartnern gegen einen Grundsatz, der da lautet: „Gelegenheit macht Liebe." Es kommen zu *viele* Menschen infrage. Die Liebe will aber die Singularität. Die „Reduktion von Komplexität" macht die Liebe nach Luhmann wahrscheinlicher, die Komplexität unwahrscheinlicher. Weiterhin herrscht außerdem eine Aufgeklärtheit, die mit einer Liberalisierung einherzugehen scheint, wogegen sich eine gesellschaftliche Reversion etabliert hat. Man kann auch von einem dialektischen Umschlag von dem einen Extrem der sexuellen Revolution in ein neoviktorianisches Zeitalter sprechen, was überwiegend meine Generation X betrifft. Es fehlt auch so etwas wie ein rebellischer Geist, da ja, jedenfalls offiziell, ein gesellschaftlicher Widerstand nicht mehr überwunden werden muss, nach dem Männer und Frauen in „getrennten Welten" leben, was ein sozialer Zustand war, der bis etwa in die kulturelle Revolution der 68er hinein virulent war.

Das Sexuelle war in meiner Kindheit in eine Wolke des Schweigens gehüllt. Es war, was die sexuellen Möglichkeiten anbelangt, eher ein Rückfall in viktorianische Zeiten. Das Sexuelle war allgegenwärtig (in Musikvideos und Aerobicveranstaltungen im Fernsehen). Es brauchte nicht erwähnt zu werden. Es ergab sich scheinbar von selbst. Reziprok zur Offenheit und Liberalität des Sexes existierte eine Schamkultur als prüdes Gegengift gegen die Outriertheit und Allgegenwärtigkeit des Sexuellen, das nicht mehr einfach zustande kam. Das Sexuelle war nur etwas in Film und Fernsehen Vorhandenes und nicht oder kaum in den Schüleralltag integriert. Wir wollten gar nicht alles in allen Einzelheiten im Sexualunterricht dargelegt bekommen, sondern es brannte uns die Frage unter den Nägeln: Wie komme ich ran an den Speck oder vielmehr: Wie wechsele ich von Gleichheitskommunikation zu sexueller Kommunikation und Handlung? Wie komme ich rein soziologisch-praktisch an einen Kuss und nicht die Frage: Wie kommt es zu einem Samenerguss?

Die These eines Prekärwerdens des im Normalfall Zusammenkommens der Geschlechter scheint schon bei dem Philosophen und Gegenwartsdiagnostiker Byung-Chul Han vorzuliegen. Er schrieb aber von der „Agonie des Eros". Der Eros als grundlegendes Movens oder als Sex und Liebe verstanden, ist aber heute nicht verkümmert, sondern nur seine *Verwirklichung* ist eingeschränkt, die heute einer Selbst-Verhinderung zum Opfer fällt.

Die Thesen bei Han lauten:

- Narzissmus und Depression schließen sich aus. Entweder man befindet sich im Zustand des depressiven Narzissmus oder im Zustand der Liebe als das Gewahrwerden des Anderen. Das Gegenteil von Depression ist der Eros.
- Die Liebe scheint heute einer Verniedlichung und Feminisierung anheimzufallen. Sie hat den „Wahnsinn" aus der Liebe expediert.
- Der Porno hat die Liebe unmöglich gemacht und depotenziert.
- Der Tod des Eros, der nach Platon ein grundlegender Antrieb zum Schaffen- und Erschaffen ist, hat auch zu einem Niedergang der Fantasie geführt.

Die Porno- und die Wahnsinnsthese kann ich übernehmen. Mein Befund ist aber konkreter, nicht so philosophisch verstiegen und abstrakt, wie der, in den sich Han hineinzuflüchten scheint, da das Problem in concreto verworren und vertrackt anmutet und eben eher auf der Ebene der Soziologie anzusiedeln ist. Um sich doch noch auf eine philosophische Ebene zu begeben, könnte man die sexuelle Distanz auch mit dem göttlichen Willen assoziieren, nach welchem die Menschen ihre Population dezimieren sollen, da der Homo sapiens für das Leben auf dem Planeten Erde eine Gefahr darstellt. Je weniger Menschen, umso besser, weswegen die Menschheit etwaig durch die sexuelle Distanz, die eine ungehemmte Vermehrung verhindert, an noch größerem Wachstumspotenzial verliert.

Mit Michel Foucault lässt sich die These der sexuellen Epoché und Distanz vertiefen. Foucault hat bekanntlich von einem Dispositiv der Macht in Hinblick auf Sexualität gesprochen, wobei er von dem marxschen Verständnis von Macht, die durch Arbeit disponiert ist, abwich. Macht ist nach Foucaults „paranoiden" Ausrichtung, nach der sie überall und nirgends ist, ein Dispositiv seit dem 18. Jahrhundert, das sich auch in anderen gesellschaftlichen Bereichen wie Schule, Kolonisation, Militär manifestiert und nach Foucault sich zu einer die ganze Gesellschaft durchziehenden Disziplinargesellschaft ausgewachsen hat, die das „Souveränitätsdispositiv" ablöste. Nicht mehr allein der Herrscher („Patria potestas") entscheidet über Leben und Tod, sondern es bildet sich ein allgemeines gesellschaftliches Machtkonzept heraus, das über die Menschen obwaltet. Auch in der Sexualität wurde so ein Disziplinarkonzept wirksam und seither zu etwas, über das man der Kirche gegenüber durch ein Geständnis Abbitte leisten musste: Sex wurde zur Sünde.

Meine These zur Sexualität in der Gegenwart lautet: Nicht der Trieb ist gemindert (jedenfalls zum Teil, da auch er durch einen Rückzug dessen, was Schopenhauer den „Willen" nannte, gekennzeichnet ist), als vielmehr das Zustandekommen von Sexualbeziehungen bzw. Liebesbeziehungen, obwohl die Liebe sich laut Beck/Beck-Gernsheim zu einem fast religiösen gesellschaftlichen Desiderat ausgewachsen hat. In den Generationen Y und Z scheint das Problem der Partnerfindung dank technischer Hilfen durch Partnerschaftsbörsen wie Parship, Lemon Swan, c-date, Elite Partner etc. aber in etwas abgemilderter Form zu bestehen und auch für eine reine Sexbeziehung gibt es genügend Hilfe aus dem Netz. Dennoch passiert in der

Lebenswelt, und um diese Perspektive soll es hier gehen, zumeist wenig bis gar nichts. Die sexuelle Distanz war zuerst da und dann kam es zu ein wenig Entlastung durch Onlineangebote.

Rein formal-rechtlich und auch in einer gesellschaftlich-liberalen Aufgeklärtheit ist die Gesellschaft offen und aufgeklärt. Die geübte sexuell-freie Praxis der Liebe folgt aber vor allen Dingen für Heterosexuelle einem Vermeidungsimperativ. Wir handeln nicht so frei, wie wir es theoretisch könnten und sind. Mit Foucault und Luhmann könnte man diesbezüglich festhalten: Die Vernunft beobachtet und wacht permanent über sich selbst.

Das Machtdispositiv ist nun, ohne gesellschaftlich-permissiven Druck von außen, quasi von der sozialen Suppression übrig geblieben: Wir fühlen uns überwacht von diesem Dispositiv, obwohl wir meistens liberal und aufgeklärt und in einer Demokratie aufgewachsen sind. Von der repressiven Gewalt des Nationalsozialismus über die sexuell-liberalen 60er- und 70er-Jahre (auch zum Teil in der Praxis), trifft heute weitgehende Freizügigkeit auf absolute Hemmung dadurch, dass eben das Machtdispositiv persistierte, das als ein Gebot auch ohne Observanz der Macht eines Herrschers und ohne eine restriktive Gesellschaft heute unser Handeln bestimmt. Die neue Prüderie beinhaltet heute eine praktizierte sexuelle Betulichkeit. Mitten in der westlich-liberalen Welt hat sich ein Sexualdispositiv erhalten, das ohne offizielle und inoffizielle Verbote wie ein Panoptikum über uns wacht, wenngleich sexuelle Liberalität und rechtliche Freiheit heute unseren gesellschaftlichen Rahmen bilden.

3 Soziale Distanz

Auch eine generelle *soziale* Distanz führt zu Frustration und einer Gewöhnung an das Fremdbleiben des anderen qua Kontaktvermeidung, wobei ich Distanz eher als Analysekategorie gebrauche und nicht mit einer positiven Wertung wie z. B. als „Strategie der Kälte“ verbinde. Ich habe mich für den Terminus Distanz entschieden, der auf Georg Simmel zurückgeht und in Robert D. Putnams berühmter Studie „Bowling Alone“ als sozialer Bindungsverlust im Zentrum steht, da der von Hartmut Rosa eingeführte Begriff der „Resonanz“ impliziert, dass zumindest ein Versuch von Person A unternommen wird, zu Person B vorzudringen, um von ihm eine sozial-psychische Reaktion zu erhalten. Die andere Person wird aber in der Distanz zumeist gar nicht erst zu erreichen versucht. Man könnte auch von sozialer Ignoranz oder „gesellschaftlichen Autismus“ (Reinhart Lempp) sprechen. Mit Rosa kann man außerdem nur ex negativo von Nichtresonanz sprechen: Er hat keinen positiven Begriff dafür. Nur für den Fall, dass Person A es doch versucht und leidet an ihrem Scheitern, kann man mit Hartmut Rosa dann von „stummer Resonanz“ sprechen.

Die Menschen sind in der beschleunigten Moderne nach Rosa nur durch Resonanz zu retten. Weder aber ist es allein die Beschleunigung, die zu entfremdeten Welt- und Sozialbeziehungen führt, noch kann man sie durch resonantes Verhalten in den Griff bekommen. Resonanz ist da weitaus zu optimistisch gedacht, so als könnten die sozialen Akteure ihr soziales Gegebensein durch Einsicht ausziehen wie Zeichentrickfilmtiere ihren Pelz. Sie ist jedenfalls nicht ausschließlich ein Substrat der modernen Beschleunigung. Die Distanz ist vielmehr eine soziale Reaktanz auf die Moderne generell, mit der sich schon die soziologischen Klassiker wie Simmel und Tönnies auseinandergesetzt haben. Mit ihr kann die Vermeidung des Sozialen als „sozialer Autismus“ oder als bewusster Akt (als „stumme Resonanz“) bezeichnet werden.

Es existiert und existierte heute kein Gemeinschaftsgefühl und kein Zu- oder Miteinander mehr, auch in der Hochphase der Pandemie 2020/21 nicht nachhaltig, sodass es nur noch im Sport oder anderen nationalen Wettbewerben wie in dem Eurovision Song Contest phasenweise patriotisch aufblitzt, nicht aber ein dauerhaftes Wirgefühl erzeugt, das die grundlegende soziale Distanz durchbrechen könnte. Ein Wirgefühl konnte man im vergangenen Jahrhundert als Leben im Horizont eines „Sein zum Tode“ (Heidegger) noch bis in die 60er-Jahre der Nachkriegszeit verfolgen. Auch eine fortgeschrittene soziale Differenzierung führte dazu, dass sich die Menschen immer fremder und distanzierter begegneten (siehe II 5). Zudem ist die Bindung schwächer geworden, als es beispielsweise noch in Weltkriegszeiten der Fall war, womit nicht der Krieg glorifiziert werden, sondern nur eine sozialpsychologische Tatsache Erwähnung finden soll.

Die Erschöpfung des spätmodernen „Selbst“ (Alain Ehrenberg) beinhaltet also die Fixierung des modernen Lebens auf die Arbeit, die sich aufgrund der soziologischen und sexuellen Distanz als einzig verbliebenes funktionierendes Residuum etabliert hat. Zum Ausgleich des Fixiertseins auf den Faktor Arbeit, hat sich ein verstärktes Konsumverhalten manifestiert, worauf schon Herbert Marcuse hingewiesen hat. Der Konsum hat demnach die Funktion, eine für alle zugängliche entspannend-coole Ästhetisierung zur Kompensation eines auf die Arbeit reduzierten Daseins herbeizuführen. Im

Lockdown der Corona-Krise fiel dieses entspannte Eintauchen in das Erlebnisfeld Fußgängerzone, worin es zumeist besteht, weitgehend weg, was eine Negativerfahrung war, die sich, wie auch der Wegfall sportlicher Aktivitäten, (vor allen Dingen professioneller Natur), verschlimmerte. Die Corona-Krise führte außerdem zu Existenzängsten und zu einer nochmals verschärften Kontaktarmut; sie sorgte dafür, dass die depressive Symptomatik noch einmal mehr getriggert wurde. Die Zunahme an Jugenddelikten und Straftaten in Schwimmbädern oder an Silvester ist ein Indiz für das seelisch Krankmachende und die Überforderung der Generation Corona.

In Großstädten ist die gesellschaftliche Distanz durch das Aufeinandertreffen vieler fremder Menschen, was schon Georg Simmel „Blasiertheit“ nannte, gegeben. Es fehlt heute das soziale Band („lien social“), das außerdem in seinem Surrogat, den Medien, nur noch selten zustande kommt. Das Dasein ist mit Heidegger gesprochen nicht mehr zu hart („Sein zum Tode“, „Lastcharakter“) wie noch für viele Menschen im 20. Jahrhundert, wodurch Bindungen in einem Zustand der Saturiertheit an den „Anderen“ verloren gingen. Hinzu kommt, dass das Politische als Klassenbewusstsein, nachdem sich ein Prozess der weitgehenden Nivellierung von Klasse und Stand vollzogen hat, im Schwinden begriffen ist und auch die Erfahrung einer „transzendentalen Obdachlosigkeit“ (Georg Lukács) und das Herausfallen aus kirchlich-religiösen Bindungen zur sozialen Distanz beigetragen hat. Zurück bleibt der andere als „Kulisse des Glücks“ (Gerhard Schulze), der schwebend wiederum den anderen anonymisierend in der Fußgängerzone begegnet. Zur Distanz mag auch beigetragen haben, dass wir uns seit Erfindung des Personalcomputers und spätestens seit der Erfindung des iPhones mit progressiver

Tendenz in virtuellen Welten aufhalten und wenn man den Bildschirm vor Augen hat, freilich auch weniger Kapazitäten für soziale Begegnungen frei hat. Zur sozialen Distanz mag auch eine Auswirkung der sexuellen Distanz auf die soziale Distanz beigetragen haben. Da wir nicht mehr so recht flirten und der Eros ausgeklammert bleibt, hat „man" auch weniger soziale Kontakte. Außerdem lässt sich eine Zunahme an Einsamkeit beobachten, die als unabdingbares Schicksal begriffen wird, sowohl von den Betroffenen als auch von denjenigen, die (noch) nicht davon betroffen sind und waren. Der einsame Mensch wird sich selbst überlassen und er wird wie ein Schlafwandler lieber nicht angesprochen (siehe II 12) und aus seinem Somnambulismus geweckt.

Zu „Social Distancing" hat der hier gewählte Begriff den Unterschied, dass soziale Distanz psychologisch-unwillkürlich stattfindet, während erstgenanntes Phänomen ein bewusstes Ausweichverhalten beschreibt, das die Übertragung von Viren verhindern soll. Erst in dem Augenblick, in dem die soziale Distanz quasi erzwungen und vorgeschrieben wurde, wurde vielen Menschen erst bewusst, wie sehr der soziale Kontakt fehlte und wie wichtig er ist. Das Problem wurde nicht in der Theorie erkannt, als vielmehr in der Praxis erfahren.

Von sozialer Distanz wird, insbesondere in dem linken politischen Lager, häufig abstrakt von Egoismus gesprochen, der ein Wirgefühl zerstören würde, womit auf kapitalistische Folgeerscheinungen hingewiesen werden soll. Dass die Menschen egoistischer sind, ist ein Befund, der zum kulturkritischen Arsenal der Moderne gehört. Dass dadurch ein Gegenseitig-aus-dem-Weg-Gehen hervorgerufen wird und dadurch soziale Kontakte gemieden werden, vollzieht sich überwiegend hinter dem Rücken der Individuen (siehe I 37).

Walter Benjamin und Dieter Thomä haben sich mit dem Begriff der „Schwellenangst“ auseinandergesetzt. In seinem Buch „Puer robustus: Eine Philosophie des Störenfriedes“ entwickelt Thomä einen Begriff der Schwellenangst und bezeichnet hiermit u. a. den Übergang von Natur zur Kultur bei Thomas Hobbes. In einem Fernsehinterview vom 10. 12. 2023 in der 3sat-Sendung „Sternstunde Philosophie“ baut er diese These zu einer allgemeinen Distanzthese aus, die die heutige Menschheit ergriffen habe. Walter Benjamin bezeichnet die Schwellenangst metaphorisch bekanntlich als denjenigen distanziert-abständigen psychologischen (naturfernen) Zustand, der bei dem Schritt durch die Passage (= Moderne) greifbar wird.

Man kann die Schwellenangst also als eine Eigenschaft von Distanz begreifen. Die Distanz ist aber nicht unüberwindbar. Wenn erst einmal der Schritt auf die andere Person zu gemacht ist, vor dem sich das moderne Selbst scheut, kann sich das Soziale als ganz problemlos, ja bereichernd herausstellen. Die Distanz ist also keine unhintergehbare Praxis, kein unerfüllbares Schicksal. Sie ist demnach eine soziale Konstruktion.

4 Die zeitliche Dimension der Erschöpfung

In Hinblick auf eine depressive Erschöpfung des zeitgenössischen Menschen wird immer wieder auf die Zeit und exakter noch auf die Beschleunigung „der Technik“, „des sozialen Wandels“ und „des Lebenstempos“ in der Spätmoderne (Hartmut Rosa) hingewiesen. Dass es nicht nur diese beschleunigten Varianten der Zeit sind, die Depressionen triggern und wie sich das Zeitempfinden heute genau ausnimmt, soll im Folgenden skizziert werden.

4.1 Zeit im Allgemeinen

Die bisherigen Zeittheorien kranken an ihrer physikalischen Ausrichtung als Nacheinander von Jetztpunkten, aus dem sich ein Vorher und Nachher ergibt. Wir bezeichnen diesen Fall einer Übertragung der physikalisch messbaren Zeit auf die erlebte Zeit als „vulgären" Zeitbegriff, wie Heidegger dieses deklariert hat, der in „Sein und Zeit" den ontologisch-besorgenden Charakter der Zeit betonte, um ihn von einem eben „vulgären" Verständnis abzugrenzen. Alle in dem philosophischen Diskurs umherschwirrenden Zeittheorien sind an diesem Nacheinander, zumindest teilweise, orientiert. Das gilt auch für die Bergsonsche Zeittheorie, an der wir uns im Folgenden orientieren wollen, in der wie bekanntermaßen zwischen einer qualitativen und einer quantitativen Zeitform unterschieden wird. Im Folgenden liegt das Primat unserer Zeittheorie auf der qualitativen Zeit. Bevor ich ein eigenes Zeittheoriemodell vorstellen werde, werde ich einige Basisannahmen über die Zeit vorausschicken:

1. Es gibt eine unhintergehbar begrenzte biologische Zeit, die Zeitstrecke, die ein Leben umfasst.
2. Kein erkennendes Subjekt steht bei der qualitativen Zeit einem Gegenstand der Zeit gegenüber und erkennt dieselbe. Zeit wird hier qua Erfahrung erlebt und verstanden.

3. Zeit ist tageszeitlich und jahreszeitlich an der Natur orientiert und an sie gebunden.
4. Zeit ist nach Albert Einstein ein chronologisch gemessener Orientierungsfaktor: „Zeit ist, was man an der Uhr abliest." Das heißt Zeit ist „gefühlt" da und wird immer wieder per Spähblick auf die Uhr „synchronisiert".
5. Im Prinzip gibt es keine Zeit als vielmehr den immer wieder erfolgenden Eintritt in das ungefähre Rauschen der „Zeitlosigkeit der Zeit" (Manuel Castells) in der Informationsgesellschaft. Die Zeiterfahrung ist heute eine eher fließende.

Die gefühlte ungefähre Zeit der „Zeitlosigkeit" (Karl-Heinz Bohrer) bildet hier nun das Zunächst in der alltäglichen Zeitwahrnehmung. Das heißt das Zunächst ist die Nichtwahrnehmung der Zeit. So fällt die Zeit manchmal erst auf, wenn wir sie eine Zeit lang *nicht* bewusst verspürt haben. Das Nichtspüren der Zeit bildet dabei die Norm. Erst beim Spüren der Zeit „meldet" sich die Welt als Mühsal oder Widerstand des Physischen oder als zu bewältigender Zeitraum. Es gilt also: Entweder nehmen wir die Zeit wahr, indem wir sie spüren oder die Zeit ist nicht spürbar und wir nehmen sie also nicht wahr. Das Vorher-Nachher-Modell der Zeit bezieht sich nun auf die biologisch-physikalische Lebenszeit und gehört, wie erwähnt, in unserem Sinne zu einem „vulgären" Zeitverständnis. Zeit ist aber zunächst kein Vorher-Nachher. Zeit ist vielmehr zunächst nicht da. Erst im Rahmen einer Handlung „zeigt" sich diese Zeitstruktur im Modus des Spürens der Zeit. Das zeigt sich zum Beispiel an dem Phänomen Langeweile. Auch diese bricht in ein nicht spürbares Nicht-Zeiterleben ein oder liegt bleiern (als latente „Störung“) über uns, wenn beispielsweise das geistige Dasein nicht ausgefüllt ist oder werden kann. Die Zeit ist also entweder spürbar und dann ist sie uns gegenwärtig (Langeweile, „Vorlauf zum Tod“, Geschichte) oder sie ist nicht spürbar, dann bleibt sie im Hintergrund (als fließende Entität). Zunächst ist sie nicht da und wird dann erst bewusst. In der Langeweile spüren wir die Zeit dauerhaft. Das gilt insbesondere, wenn wir auf etwas warten. Dann wird uns die Zeit zu lang. Oder wir haben es eilig, dann ist uns die Zeit zu kurz. Das Spüren der Zeit erfolgt also nach Heidegger in der Vorlesung „Grundbegriffe der Metaphysik, Welt-Endlichkeit-Einsamkeit“ in dem Modus der Langeweile, und in „Sein und Zeit“ als „Alltäglichkeit“ (was er „Zeitlichkeit“ nennt, die im Modus der „Entschlossenheit“ hin zur „Eigentlichkeit“ sich aus der „Verlorenheit des Mans“ befreit) bezeichnet und weiterhin als „innerweltlich“ oder „geschichtlich“ fasst.

Die Zeit ist phänomenologisch kein Jetztpunkt (wie man auch nach Husserls Zeittheorie annehmen könnte), sondern zumeist und zunächst ist sie vergessen. Sie wird nicht vergessen bei einer physikalischen Belastung wie bei einer körperlich anstrengenden Arbeit oder einer einseitigen geistigen Beanspruchung oder stellt sich einfach immer ein wie ein ungebetener Gast, wenn wir gerade nicht in einem Handlungsmodus sind oder wenn wir die Zeit als knapp empfinden. Die Zeit wird als Zeitdruck als unmittelbarer oder indirekter „Lastcharakter“ bewusst. Hier ist sie spürbar.

„Innerweltlich“ verhält sich die Zeit so, wie Heidegger es in „Sein und Zeit“ beschrieben hat, räumlich als eines „Sich-Voraussein“, das „in-der-Welt“ stattfindet und durch „Ent-Fernung“ von „Welt“ oder „Zeug“ charakterisiert ist. Daneben gibt es das

„Zerstreutsein" „in-der-Welt", das durch eine „Uneigentlichkeit", auch der Zeit gekennzeichnet ist. Zur „Uneigentlichkeit" gehört als „Alltäglichkeit" außerhalb der „Innerweltlichkeit" das „Verlorensein im Man", das über den „Ruf des Gewissens" als „Entschlossenheit" im Idealfall zur „Eigentlichkeit" führt. Die Zeit wird in der „Alltäglichkeit" als „Uneigentlichkeit", also als Negativum bewusst: Im Modus der „Entschlossenheit" ist sie als „Augenblick" (der Entschlossenheit) ein Positivum.

Neben dem Spüren der Zeit und dem Nichtspüren von derselben gibt es also, neben der unerfüllten Zeit noch ein Positivum, eine erfüllte Zeit. Der amerikanische Romanist und Gegenwartsdiagnostiker Hans Ulrich Gumbrecht sprach zum Beispiel in diesem Zusammenhang von „Präsenz" oder „Nichtpräsenz" und Virginia Woolf von Momenten des „Being" oder „Non-Being", wobei hier vor allen Dingen ästhetische Erfahrungen als Positivum gemeint waren, was in die Richtung von ästhetischen Metaphern von Robert Musil, Samuel Beckett und Franz Kafka weist.

Auch die historische Zeit kann wie die innerweltliche auch nach Heidegger von „Uneigentlichkeit" in Beschlag genommen werden. So ein geschichtliches Momentum außerhalb der „Uneigentlichkeit" bildet das „Ereignis", das die Möglichkeit des „Daseins" eröffnet, „eigentlich" zu handeln, wie es auch im Falle der „Alltäglichkeit" möglich ist.

Man kann demnach auch von einer *historischen* Bedeutung der Zeit sprechen, um die es im Folgenden hauptsächlich gehen soll.

4.2 Historische Zeit

4.2.1 Das gegenwärtige Zeitregime

Man kann die gegenwärtigen Zeitregime mithilfe folgender Kategorien erfassen:

1. „Beschleunigung“ / „rasender Stillstand“ (Rosa/Virilio)
2. „ewige Wiederkehr“ (Nietzsche)
3. „Posthistoire“ (Lyotard)
4. „Ende der Geschichte“ (Fukuyama)
5. „breite Gegenwart“ (Gumbrecht)
6. „Das gegenwärtige Zeitregime“ (Assmann)
7. „Geschichtsmetaphern“ (Blumenberg/Demandt)

Wir wollen nun kurz alle Punkte im Einzelnen behandeln. Ziel ist es, auch das heutige Zeitregime von der Pandemie 2020 bis Anfang 2024 mit Geschichtsmetaphern, die sich aus den Kategorien ergeben sollen, zu erhellen.

Ad 1. Die von Hartmut Rosa und Zygmunt Bauman prominent als „Beschleunigung“ und „Flüchtigkeit“ diagnostizierten Tatsachen haben wohl wenig an Gültigkeit (aber an Neuheit) eingebüßt.

Rosa ist auf der Suche nach dem Phänomen sozialer Beschleunigung, die nach ihm mit der Modernisierung und Industrialisierung anhebt und sich in einer technischen, den sozialen Wandel betreffenden und einer das Lebenstempo inhärierenden Beschleunigungserfahrung manifestiert. Die Aufeinanderfolge und Abfolge von technischen Innovationen, die sich revolutionär auf die Kommunikation ausgewirkt haben, sowie die Abfolge von sozialem Wandel (jeweils auf den Feldern Kunst, Wirtschaft, Wissenschaft etc.) und die Beschleunigung des Lebenstempos, weil immer mehr Handlung pro Zeiteinheit anfällt, führten wohl nach Rosa zu einer generellen Beschleunigungserfahrung in der Moderne.

Nach wie vor gilt, dass sich die Übertragungsgeschwindigkeiten von Informationen durch Technik signifikant beschleunigen („technische Beschleunigung") und wir immer mehr an Zeitsegmenten unter einen zeitlichen Hut bringen wollen bzw. müssen („Lebenstempo") und das Leben auch „gefühlt" temporeicher geworden ist.

Dafür gibt es eine sozialstrukturell-historische Erklärung: Da die Menschen sich immer ähnlicher sind und immer mehr in Singlehaushalten leben und es also zu einer allgemeinen Liberalisierung und Individualisierung der Gesellschaft gekommen ist, muss man nun, auch als Mensch in arrivierter Position, die Freizeit mit der Arbeit in Einklang bringen. So muss man eventuell Tätigkeiten wie das Einkaufen erledigen, was für den hohen Adeligen nicht notwendig war, der sich, neben der Kriegsführung und Verwaltung, der Jagd, den Turnieren und Ritterspielen, dem Hofleben und seinen Festlichkeiten hingeben konnte, also besonders in Friedenszeiten fast ganz der Muße entsprechend leben konnte. Der Arbeiter oder Bauer musste sich die Zeit nicht so sehr einteilen, weil er keine hatte oder zumindest der Landwirt nur saisonal, wo er dann eben mehr oder weniger Zeit für sich hatte. Mehr Menschen haben heute aber immer mehr freie Zeit, also einen zeitlich begrenzten Freizeitraum neben der Arbeit, der auch der Reproduktion dient, sodass mehr Dinge in einer Zeiteinheit synchronisiert werden, wodurch die Zeit knapper bemessen zu sein scheint trotz technischer Hilfsmittel und einer signifikanten Entlastung von der Mühsal der Technik (siehe I 20). Die Individualisierung allgemein und sozialstrukturelle bedingte Beschleunigung ist freilich nur ein Aspekt und Baustein, auch bei Rosa. Auch die Rationalisierung (Kultur/Weber), Differenzierung (Struktur/Durkheim) und die Domestizierung (Natur/Marx) lassen sich als Bedingungsfaktoren anführen.

Insgesamt geht es Rosa darum, das Virilio-Paradoxon „rasender Stillstand" aufzulösen. Im Prinzip müsste man, um den Widerspruch zu liquidieren, jeweils fragen: Was rast? Und: Was steht still? Dieses ist wohl ein aporetisches Unterfangen, wenn man *nur* eine These der sozialen Beschleunigung vertritt und die der Erstarrung mehr oder weniger nur akzidentiell oder dialektisch hinzufügt. Man kann wohl nur beschleunigende Aspekte und erstarrende Faktoren unterscheiden, wenn man jeweils die Frage stellt, *was* sich denn nun beschleunigt und was genau sich kristallisiert. Zeit wird dann wahrgenommen, wenn sie uns bewusst wird (siehe oben). Und die besteht oftmals darin, im Alltag und Beruf technisch nicht mehr mitzukommen. So ähnlich verhält es sich mit dem fühlbaren spürbaren sozialen Wandel der Zeit, der uns überfordert und rastlos macht. Die Zeit wird spürbar, wenn der soziale Wandel, wie er früher in der Mode, in der Technik und dem „Gestell" und in den ständig wachsenden Arbeitsanpassungserfordernissen zutage tritt. Und zuletzt spüren wird die Zeit auf der Handlungsebene, als Abfolge von Ereignissen, die es unter einen Hut zu bringen gilt („Lebenstempo"). Still steht die Zeit hingegen hinsichtlich der Wertsphären von Kultur, Politik, Wirtschaft, Kunst, Ideen, Jugendkulturen, Geselligkeit und Geschichte, was man historisch detailliert belegen müsste, wie es unter Punkt 4.4.1 in diesem Kapitel tentativ versucht wird.

Ad 2. Die ewige Wiederkehr- oder auch „Wiederkunft“ ist ein später Gedanke Nietzsches, den er vor allen Dingen in „Also sprach Zarathustra“ ausgeführt hat. Eine zyklische geschichtliche Zeit wird hier, so könnte man interpretieren, tendenziell einer christlich-linearen Zeit, die hin zu einem endgültigen Ziel verläuft (Eschatologie), entgegengestellt. Der Gedanke nimmt Anleihen beim Buddhismus. Wir wollen ihn als immanente Wiederkunft und als zyklisches Zeitempfinden nicht so sehr metaphorisch-existenziell verstehen, sondern so, dass sich in unseren Tagen eine zyklische Zeiterfahrung, nachdem die Geschichte zu Ende erzählt ist, wieder manifestiert, was sich unbewusst ins geschichtliche Sosein eingeschlichen hat.

Ad 3. Das Konzept des Posthistoire stammt ursprünglich wohl von François Lyotard und besagt, dass die menschliche Geschichte, wie wir sie bisher gekannt haben, zu einem Ende gekommen ist oder sich zumindest zu einer Phase entwickelt hat, die sich von früheren Zeitaltern durch eine Kristallisierung der Zeit unterscheidet. Zur Posthistoire gesellt sich eine postmoderne Denkweise, die die Vorstellung einer objektiven Wahrheit verabschiedet hat.

Ad 4. Der sehr ähnliche Gedanke vom „Ende der Geschichte“ hingegen geht von dem konservativen Historiker Francis Fukuyama aus, der in einem große Wellen schlagenden Essay „The End of History?“ die These aufstellte, dass die Implosion des Kommunismus und die weltweite Verbreitung der liberalkapitalistischen Demokratie das „Ende der Geschichte“ markiere. Das letzte Wort in der Geschichte sei gesprochen. Der westlich-liberale Kapitalismus habe gesiegt, was nicht ganz zutrifft, da längst nicht nur Demokratien und demokratisch gewählte Vertreter es sind, die heute an der Spitze von „erfolgreichen" Gesellschaften (man denke an China) stehen. Wir wollen hier von dem „Ende der Geschichte" als Zeitgefühl und als Analysekategorie sprechen.

Ad 5. In dem Essay „Unsere breite Gegenwart" unternimmt Hans Ulrich Gumbrecht eine Zeitdiagnose der 2000er-Jahre bis 2010. Spätestens seit dem Millennium befinden wir uns in einem anderen Chronotopos und Lebensgefühl, als es etwa noch im Kalten Krieg und in den experimentier-, aufbruchsfreudigen und ironischen 90er-Jahren der Fall war. Statt eines Futur, das bis in die 60er-Jahre hinein galt, haben wir es heute mit einem Stillstand zu tun. Im Unterschied zur Posthistoire ist dieser Stillstand durch das neue Verhältnis zur Zukunft bzw. zur Vergangenheit begründet, nicht nur einfach eine Perpetuierung des Kreisens einer Gegenwart, die eventuell in einer nostalgischen Beziehung zur Vergangenheit (Retrotrend) steht. Diese Zeitstimmung fasst er unter dem suggestiven Topos „breite Gegenwart" zusammen, demnach die Vergangenheit nicht vergehen und eine Zukunft, die nicht anfangen will, unser Zeitregime ausmacht. Die Vergangenheit möchte nicht (mehr) vergehen und die Zukunft (bis 2010) nicht anfangen, weswegen wir uns in einer sich „verbreiternden [bzw. breiten, L.M.] Gegenwart" als Chronotopos befinden.

Ad 6. Aleida Assmann hat in ihrer materialreichen Suchbewegung in dem Buch „Ist die Zeit aus den Fugen? Aufstieg und Fall des Zeitregimes der Moderne" das Zeitregime der Moderne rekonstruiert sowie eine zeitdiagnostische Aussage über das gegenwärtige Zeitregime getroffen, nämlich die, dass die Zeit, wie es bei Shakespeare heißt, „aus den Fugen geraten" ist. Generell macht sie einen Unterschied zwischen der Vergangenheit, der Gegenwart sowie der Zukunft. Die Moderne, angefangen bei Baudelaire, wollte nach Assmann die Vergangenheit hinter sich gelassen haben, woraus sich eine Avantgarde entwickelte, die sich jeweils auf der Höhe der Zeit begriffen hat, wobei nicht ganz klar ersichtlich ist, ob sie für eine absolute Gegenwart („absolutes Präsens", „Flüchtigkeit") oder für eine Utopie (der Kunst) steht, die aus der Gegenwart hinausführen soll.

Mit Edmund Husserls Zeittheorieterminologie liegt der Schwerpunkt einmal in der „Retention", einmal in der „Urimpression" und weiterhin in der „Protention", was man auch auf die geschichtliche Zeit übertragen kann. Mal wird das Problem also darin gesehen, dass die Vergangenheit heute einen besonderen Akzent, eine Überbetonung besitzt (wie von Aleida Assmann zunächst postuliert), mal in der Gegenwart und mal im Futur gesehen.

François Hartog sieht das Problem des Überhanges der Vergangenheit nach Assmann in einer die Geschichtswissenschaft verdrängenden Erinnerungskultur (durch Filme, Bücher, Dokumentationen) und einer Heritage-Industrie, die dazu führt, dass die Vergangenheit die Gegenwart und die Zukunft quasi überschwemmt und erstickt. Weiterhin auf der Ebene des Vergangenen liegt ein anhaltender Retrotrend (Mode, Erinnerungskultur) sowie die Tendenz besteht, mit dem Speichermedium Computer die Vergangenheit zu archivieren und somit ständig verfügbar zu halten (und somit nicht vergehen zu lassen). Das war der melancholische Befund von Gumbrechts Konzept, der von ihm als dekadent angesehenen „breiten Gegenwart". Die Vergangenheit kann zu wenig Impulse setzen oder falsche. Dann erleben wir wie mit dem Phänomen Rechtspopulismus einen faschistischen Revisionismus oder eine Klitterung der

Geschichte, die vor wenigen Jahren in der breiten Öffentlichkeit noch undenkbar erschien.

Die Kategorie Zukunft schien uns bis 2020, dem nahenden Ende der Kanzlerschaft Angela Merkels, unserem Zeitregime abhandengekommen zu sein, während sie in der Moderne großgeschrieben wurde, wie Reinhart Koselleck in u. a. in dem Sammelband „Vergangene Zukunft" herausgearbeitet hat.

Assmann bedient sich des Bildes von Shakespeares Hamlet, demnach „die Zeit aus den Fugen" geraten ist und der Geist der Geschichte uns anblickt und vereinnahmt. Sie unternimmt aber keinen eigenen Versuch einer Diagnose (abgesehen von der Akzentuierung des Vergangenen), sondern stützt sich in ihrer Auslegung des Zeitregimes fast ganz auf Hans Ulrich Gumbrecht, François Hartog und John Torpey. Alle drei zeitgenössischen Geschichtsdenker diagnostizieren eine Auflösung des linearen Zeitregimes, des quasi Ganges der Geschichte, der sich auf den Zeitebenen Vergangenheit, Gegenwart und Zukunft erstreckt. Man lebt vielmehr nach Auflösung des herkömmlichen Zeitregimes in einer chaotischen Gegenwartsbezogenheit. Die Perspektiven der Vergangenheit und Zukunft sind uns demnach abhandengekommen. Die ersten beiden Denker stellen nun einen Mangel am Vorhandensein dieser Perspektiven fest. Bei Gumbrecht ist es das Speichermedium Computer, das die Vergangenheit nicht mehr als vergangen erfahren und die Zukunft nicht mehr eintreten lässt. Auch in François Hartogs Geschichtsmodell wird das herkömmliche Zeitregime nicht mehr durch ein Primat der Vergangenheit (Antike) und auch nicht mehr durch ein Primat der Zukunft (1789–1989), sondern durch ein Zeitregime der Gegenwart bzw. „Gegenwärtigkeit" (ab 1989) abgelöst. Die Zukunft und die Vergangenheit bleiben hier also ausgeklammert.

Bei Torpey ist es nun wie bei Hartog ausschließlich die Überbetonung der Vergangenheit, die die Orientierung hinsichtlich der Kategorie Zukunft schwächt.

4.2.2 Eine Zusammenfassung: der „heutige" Chronotopos

Eine zusammenfassende Diagnose des „heutigen" Chronotopos nach obigen Ausführungen könnte wie folgt aussehen: Die Moderne, die auch eine eschatologische oder eine utopische Form der Zukunftszugewandtheit (als Telos) impliziert, ist ausgelaufen und wir finden uns seit dem Fall der Mauer in einer absoluten Gegenwärtigkeit wieder („Ende der Geschichte", „Posthistoire" als Zeitstimmung), wobei wir mit dieser Diagnose einer eurozentrischen und westlichen Perspektive verpflichtet bleiben.

Akzessorisch, also hinzutretend zu dem gefühlten „Ende der Geschichte" (und dem zugleich einsetzenden Retrotrend) spannte sich mit Reinhart Koselleck gesprochen nun ab 2000 ein „Erwartungshorizont" auf. Wir erwarteten etwas von den Nullerjahren, einen Neuanfang, aber der trat nicht ein. Vielmehr befinden wir uns seither in einer alltäglich-zyklischen „Antiquiertheit des Menschen" (Günther Anders) wieder. In Heideggers Terminologie er-eignet sich im Privaten wie im Allgemeinen auch nichts mehr, weswegen wir die Zeit als stillstehend erleben. Man er*fährt* in einem als flüchtig erlebten Gegenwartshorizont weniger (politisch, erotisch, technisch) und er*lebt* viel (Shopping, Eventurlaub, Konzertbesuch) in Sinne der „Erlebnisgesellschaft", wodurch es nach Rosa zu dem Gefühl eines rückblickend als kurz und flüchtig empfundenen Zeitbewusstsein kommt. Nur, wenn wir etwas erfahren und eben spüren, ruft dies eine Erfahrung der Zeit hervor, die nachhaltig und nicht flüchtig ist.

Wir sind bis ca. 2020 im Modus der „ewigen Wiederkunft“ wieder einem zyklischen Verständnis von Zeit erlegen, das zugleich durch das Erleben von Beschleunigung und Stillstand gekennzeichnet war und ist. Es passierte nichts oder nichts Weltbewegendes (außer der Weltwirtschaftskrise von 2008) und unser Leben war von einer beschleunigten zyklischen Erfahrung von „Alltäglichkeit“ geprägt. Nach Weihnachten kam auch schon bald Ostern und der nächste Sommerurlaub war auch bald wieder „fällig“, wobei wir uns die stillstehende Zeit mit Konsum vertrieben, ohne unbedingt glücklich damit zu sein.

Ab der Pandemie 2020 zeichnete sich allmählich ab: Die Atempause der Geschichte ist vorüber. Wir wurden aus unserem konsumistischen „Traumschlaf“ gerissen und mit Corona hielt wieder das „Sein zum Tode“ (Heidegger), das mehr und mehr in der Nachkriegsgeschichte in Vergessenheit geriet, Einzug ins erschrockene Weltgemüt, das von einem Gefühl der Schockstarre getragenen Rezeption von Putins Krieg in der Ukraine gefolgt wurde und von Überforderungsemotionen angesichts einer sich abzeichnenden Klimakrise begleitet wurden, die durch das EEG-Gesetz und einen katastrophischen Sommer 2023 schroff in das unbekümmerte Aufatmen eines Weiter-so einbrach. Um zu eruieren, welche Geschichtsmetapher heute die angemessene ist, befassen wir uns kurz mit dem Phänomen Geschichtsmetaphern an sich und der Fragestellung, in welcher Weise sie bislang vorgekommen sind.

4.3 Geschichtsmetaphern (Ad 7)

4.3.1 Allgemein

Man kann nach Hans Blumenbergs Metaphorologie dreierlei Metaphernformen unterscheiden. 1. Diejenigen mit schmückendem, also rhetorischem Charakter, wie er in der Antike (beispielsweise bei Sallust oder Cicero) „üblich" war. 2. Metaphern mit illustrativem Charakter, die mehr der Anschauung und Fasslichkeit dienen und 3. „absolute Metaphern". Diese werden unter Umständen ad hoc erfunden und sollen eine Erkenntnisfunktion sui generis aufweisen.

In der Geschichtsschreibung, und zwar größtenteils bei denjenigen „Laienhistorikern", die nicht der historischen Zunft angehören, werden Metaphern eingesetzt, die vorwiegend im zweiter und seltener in dritter Hinsicht gebraucht werden und in der Beschreibung historischer Prozesse und Phänomene zum Einsatz kommen. Sie stammen also in der Mehrheit nicht von genuinen Historikern, sondern von Philosophen, Politikern, Wissenschaftlern oder Propheten, so jedenfalls, wenn man Alexander Demandt und seinem materialreichen und gelehrten Buch „Metaphern für Geschichte, Sprachbilder und Gleichnisse im historisch-politischen Denken" folgen möchte, das nach wie vor ein Klassiker der Metaphernforschung ist.

Demandt unterscheidet organische Metaphern (Antike/Neuzeit), Jahreszeiten- und Tageszeiten-Metaphern, Metaphern der Bewegung, Metaphern aus dem Bereich der Technik und Metaphern aus dem Umkreis des Theaters (im engeren Sinne/im weiteren Sinne).

Typische organische Metaphern der Antike sind die Baummetaphern, die in einen funktionalen und einen genetischen Teil zerfallen. Als Organismusmetapher sticht diejenige, die für die Gemeinschaft steht, ins Auge, die u. a. mit Bienen oder Herdentieren verglichen wird. Ob ein Gruppen- oder Staatskörper gesund ist oder krank, darüber gibt die Arzt-Metapher Auskunft. In der griechisch-römischen Antike fungierten die organischen Metaphern als Zeitmetaphern schlechthin, so wie zum Beispiel die von Erkrankung oder Heilung einer Gruppe. Weitere organische Metaphern als Gleichnisse von Tieren bilden Heuschrecken, Wespen, Ameisen oder Termiten und Schafe.

Die organische Metapher wird in der Neuzeit zu einer Darstellung von Geschichte eingesetzt, die in Pflanzenmetaphern ihren Ausdruck findet (auch Wurzel, Keim, Same). In der Neuzeit wird das biologisch-organische Denken vom Wachsen, Blühen und Welken der Kultur von der Aufklärung übernommen und schließlich, beispielsweise bei Oswald Spengler, konservativ-revisionistisch aufgegriffen. Besonders Johann Gottfried Herder, Wilhelm von Humboldt und partiell auch Friedrich Wilhelm Hegel haben Gebrauch von der Baum- oder Wachstumsmetapher gemacht. Jahres- und Tageszeitmetaphern sind Geschichtsmetaphern, die zum Teil aus dem Bereich der anorganischen Natur stammen. Sie haben gemeinsam die Funktion ihrer Herkunftsbereiche: Sie dienen der Darstellung von Zeitläuften. Bei Demandt heißt es: „Die Parallelisierbarkeit von Lebens-, Jahres- und Tageslauf (ausgedrückt in den Entsprechungen von Kindheit, Frühling und Morgen; Erwachsenenalter, Sommer und Mittag; Greisenalter, Herbst und Abend; Tod, Winter und Nacht) ist in der antiken Literatur nicht nur vielfältig angewandt, sondern zuweilen auch reflektiert worden."

Metaphern der Bewegung werden überwiegendenteils zur Darstellung von zeitlichen Prozessen verwandt. Die Metapher des „Strömens“ (wobei häufig an einen Fluss oder Bach gedacht wird) gilt als die Zeitmetapher schlechthin. Sie wird im Übrigen auch zur Darstellung von internen Bewusstseinsprozessen verwendet. Man spricht im Rahmen unserer Thematik vom „Strom der Geschichte“, was eine Metapher ist, die in der griechisch-römischen Antike eher ungebräuchlich war, in der man die Quelle des Flusses als Metapher einsetzte. In der jüdisch-alttestamentarischen Tradition benutzte man die Gewässer-Metapher zur Explikation von unkontrollierbaren Mächten, während in der patristischen Literatur die Quellenmetapher häufig im Sinne von der Herkunft des Bösen inauguriert wurde.

Von Bedeutung, gerade für diese Arbeit, sind auch zyklische Metaphern. In der Antike gilt die Kreislaufmetapher zur Darstellung eines positiven Kreislaufs. Dieser vermittelt hier Geborgenheit, während die Kreismetapher in christlich-abendländischer Tradition als Gefangenschaft gedeutet und mit Sinnlosigkeit in Verbindung gebracht wird.

In der Neuzeit werden zyklische mit linearen Vorstellungen verbunden. Ein Vertreter dieser Position ist Friedrich Schlegel, dem die Spirale als Geschichtsmetapher, um die Idee der fortwährenden Entwicklung des Fortschritts in der Literatur und im Denken zu veranschaulichen, eine Erstverwendung zugeschrieben wird.

Der Zyklus kann mit einer Rückkehr zu einem Ausgangszustand korrelieren. Nach der erfolgten irdischen Entfremdung kommt es zu einer revisionistischen Annäherung des Getrennten. Ziel der Geschichte bei vielen neuzeitlichen Denkern ist mit der Aufklärung die Rückkehr in den zivilisatorischen Zustand als Einkehr in den paradiesischen Ursprung (z. B. bei Francis Bacon).

Das Rad kann nun nicht nur eine ewige Wiederkehr, sondern auch die Unaufhaltsamkeit der Geschichte bedeuten. Diese wird auch häufig mit einem Ziel oder Endpunkt zusammengedacht. Eine weitere Geschichtsmetapher der Bewegung ist das bereits erwähnte Gehen, das häufig als „Gang der Geschichte" zum Vorschein kommt.

Metaphern aus dem Bereich der Technik funktionieren häufig über die Suggestivkraft von Maschinen, wobei hier schon häufig ein Zustand als ein Prozess dargestellt wird. Häufiger kommen in der griechisch-römischen Antike, im jüdisch-christlichen Denken (Bibel) und auch in der Neuzeit Bau-Metaphern zum Einsatz. Vermehrt wird die Bau-Metapher als Aufbau- und Zerstörungsdialektik oder als unmerkliches unbewusstes Geschehen eingesetzt. Geschichtsmetaphern aus anderen Sektoren sind der Schmelzofen, das Bearbeiten vom Amboss mit dem Hammer und geologische Metaphern („Zeitschichten" bei Reinhart Koselleck). Karl Marx hat schließlich das Bild von Basis und Überbau sprachlich-metaphorisch prominent gemacht. Ein weiteres technisches Bild ist die Waage zur Explikation von ausgleichenden Verhältnissen in der Geschichte. Bilder von Faden, Kette, Netz, Gewebe und Geflecht werden auch zum Ausdruck einer Zusammengehörigkeit, Kohärenz und Zielgerichtetheit verwendet.

Das Geschichtsbild mit der wohl tiefsten Aussagekraft ist wohl das von der Bühne. Nach Demandt bildet das philosophisch-idealistische Dreigestirn Kant, Schelling, Hegel eine Trias, die in ihren Texten die Theatermetapher historisch verwendet haben. Für Kant glaubt der Dichter u. a. Gott zu erkennen, bei Schelling ist Gott überall (Pantheismus), und Hegel betrachtet das Leben als Bühnengeschehen des Zeitgeistes. Schopenhauer betrachtete das Leben ebenfalls als Bühnengeschehen, als quasi Bühne, auf der sich der Wille in der Geschichte entfaltet und manifestiert. Man kann also zwischen Sinn auf der Bühne, dem Zuschauer und dem Autor/Dichter differenzieren.

Als Demandt diese Unterscheidungen machte, gab es schon die Dissertation von Erving Goffman „Wir alle spielen Theater", nach der das Leben selbst sich als ein Bühnengeschehen darstellen lässt und man mindestens zwischen einer Hinter- und einer Vorderbühne divergieren kann. Diese war und ist aber weniger eine historische als eine Verhaltensmetapher des Sozialen.

Wie oben bereits erwähnt, hat man es bei den hier von Demandt zusammengetragenen Beispielen für Metaphern für Geschichte vorwiegend mit nicht originären, sondern mit Metaphern der Kategorie zwei zu tun. Insbesondere die Baummetapher bei Herder und die Bühnenmetapher im Deutschen Idealismus fallen aber wohl in die Kategorie drei sowie beispielsweise die spirale Metapher bei Friedrich Schlegel. Jede Zeit kann wohl mit einem oder mehreren originären Geschichtsbildern aufwarten. Dem wird nun spezifischer nachgegangen.

4.3.2 Geschichtsmetaphern als Denkbilder der Gegenwart

Eine Geschichtsmetapher der Gegenwart muss die obigen Metaphern zusammenführend die zeitlichen Entitäten Beschleunigung, Posthistoire und Zirkularität („ewige Wiederkunft") in sich begreifen. Ein Bild für Beschleunigung bei gleichzeitigem geschichtlichem Stillstand hat Paul Virilio mit der Formel „rasender Stillstand" geprägt. Eine Geschichtsmetapher, die alle drei aufgeführten Entitäten einschließt, wäre entweder die des Riesenrades oder das der Windmühle. Am besten könnte man

Gegenwart wohl mit dem Bild einer Windmühle einfangen. Sie ist arretiert und in der Regel nicht mobil („Stillstand"), gleichzeitig drehen sich ihre Flügel im Wind („Zirkularität") und das Ganze erfolgt in einem beschleunigten Ausmaß, quasi durch den Wind der Geschichte („Beschleunigung"), der stärker geworden ist. Das heutige Zeitempfinden setzt sich also aus den oben genannten drei Elementen zusammen, wobei die Zirkularität vor allen Dingen den Lebensalltag bestimmt, der rückblickend als beschleunigt empfunden wird und gleichzeitig das Gefühl entstehen lässt, es würde sich kulturell, politisch etc. nichts mehr ändern.

Geschichte vor 2020 lässt sich nun wohl am besten mit dem Konzept der „breiten Gegenwart" von Gumbrecht erfassen. Ein Bild hierfür wiederum wäre ein sonnenbeschienenes Bergplateau.

4.4 Geschichte und Geschichtsbilder heute

4.4.1 Das Plateau als Geschichtsbild: Von der Einteilung der Geschichte

Ich schlage also vor, für den Zeitraum von 2000 bis zur Pandemie 2020 (in Anlehnung an Reinhart Kosellecks Begriff der „Sattelzeit" für das 18. bis 20. Jahrhundert) metaphorisch von einem zeitlich-linearen Plateau zu sprechen. Einerseits herrscht mindestens seither ein Stillstand der Zeit, andererseits vergeht die Zeit immer rascher und rasanter, was nochmals Paul Virilio auf die Formel des „rasenden Stillstands" gebracht oder auch z. B. Kafka als „andauernder Blitz" gefasst hat. Diese Zeit-Paradoxon-Bilder kann man auflösen und mit Inhalt füllen, wenn man zeitliche Parameter heranzieht, die eine bestimmte

Typologie von Geschichtlichkeit oder geschichtlicher Zeit impliziert, die somit diachron vergleichbar wird:

Historische Epochen sollten m. A. n. nun unter dem Aspekt der a) Ereignishaftigkeit b) der Ideologie c) der Kultur, d) der zahlenmäßigen Chronologie e) der Zirkularität f) des Vorherrschens negativer oder positiver progredierender historischer Einflussfaktoren, wie der Ökologie oder der Ökonomie und der g) Ökonomie an sich und h), ob eine Nahrungsmittelknappheit oder ein Überfluss vorliegt i) und nach wichtigen/wirkungsmächtigen Personen in der Geschichte betrachtet werden, um mit diesen Parametern historische Nähe, Übereinstimmung oder Ferne der jeweiligen geschichtlichen Zeiten zu erfassen.

Mit diesen, hier nur skizzierbaren und unvollständigen Kategorien können nun theoretisch alle Zeiträume verglichen werden. Wenn man zwei Epochen vergleichen will, so muss man die obigen Parameter jeweils anwenden und dann vergleichen. Hier soll uns ausschließlich zunächst die heutige Gegenwart (bis 2020) interessieren, die wir mit der Nachkriegszeit ab den 1950er-Jahren des 20. Jahrhunderts vergleichen wollen. Teilweise geht der Vergleich auch noch auf das sogenannte Dritte Reich zurück. Der Schwerpunkt des Vergleichs liegt dabei auf dem Heute. In einer ausführlichen historischen Darstellung müsste der weiter zurückliegende Zeitraum freilich nicht nur kursorisch beleuchtet werden.

Betrachten wir nun unsere Zeit seit dem Millennium bis ca. 2020, so sehen wir, dass der Aspekt der Ereignislosigkeit (a) für diesen Zeitraum am ehesten zutrifft. Trotz Corona-Krise und ökologischer Bedrohungslage: Das Leben ist sozial ärmer (siehe I 39) und indiverser geworden, als es noch in den sozial aktiven und geselligen 80er-Jahren der Fall war. Die Handlungsoptionen haben sich auch schon vor Corona verringert: Es gibt einem Werbeslogan folgend nur noch „Arbeit, Sport und Spiel". Als Höhepunkt des eindimensionalen Lebens wird ein Grillabend veranstaltet, der uns wohl in den archaischen Zustand des urmenschlichen Lebens zurückversetzen soll: Wie am Lagerfeuer wird ein Sippenessen simuliert, das Geselligkeit erzeugen soll („Naturnatur"). Da verwundert es nicht weiter, dass internationale Sportwettbewerbe so eine irrsinnige Nachfrage verzeichnen, besonders Fußball-Europa- und Weltmeisterschaften, wo die Ereignisarmut für ein paar Stunden aufgehoben zu sein scheint und sich flüchtig in ein artifizielles Wirgefühl verwandelt.

Auch die Ideologie (b) ist heutzutage schmalbrüstig geworden. Man frönt in der politischen Auseinandersetzung eher einem ergebnisbezogenen Pragmatismus als von einer Ideologie vorausleuchtend inspiriert zu sein, wenngleich das Pro oder Contra des Wirtschaftssystems des Kapitalismus sowie der Gedanke der Ökologie noch ein beträchtliches ideologisches Residuum darstellen, das die Parteien noch voneinander trennt. Dennoch sind es heute Ideologien mit Herder, Hegel und Ranke „Ideen", die nach Luhmann und Musil an der „Komplexität" der modernen Welt zerschellen und deshalb nicht mehr „zeitgemäß" sind, wenngleich sie nicht deshalb einfach verschwinden, nur eben nicht adäquate Wirklichkeitsschlüssel mehr sind. Und genau darin liegt nach Robert Musil das Problem.

An das Bestehen oder Nichtbestehen von Ideologien knüpft sich auch das Segment der Kultur, da Ideologien als (der) Schrittmacher der Kultur (c) anzusehen sind. Wir folgen angesichts einer übergreifenden Idee (im Sinne Hegels) einer Mode, hören die entsprechende Musik, lesen bestimmte zeitgemäße Bücher und interessieren uns für bestimmte Serien im Fernsehen. Die Popkultur war in der zweiten Hälfte des 20. Jahrhunderts ein solches ideenbasiertes kulturelles Phänomen. Der Zeitgeist glich einem Chamäleon, das die ideelle Gestalt als Farbe seiner Zeit in Dezennien annahm. Das Telos der Geschichte waren die Ideen, die die Kultur wie ein Flugzeug einen Kondensstreifen hinter sich herzogen.

Metrisch-chronologisch (d) nun ist unsere mitteleuropäische Zeit an die Zählung seit Christi Geburt ausgerichtet, und man kann dennoch von einer Zirkularität des Zeitempfindens (e) auch unsrer Epoche sprechen. Die Alltagszeit ist beispielsweise von Zyklen und Routineschleifen geprägt.

(f) Die Ökonomie ist im Gewand des Kapitalismus oder der sozialen Marktwirtschaft als Lebens- und Wirtschaftsform als Telos heute weitgehend akzeptiert und wird kaum infrage gestellt. Ludwig Erhards Credo „Wohlstand für alle“ ist hier der Wahlspruch, der aber zunehmend von einem ökologischen Telos substituiert und mehr und mehr davon unterwandert wird. Der Kapitalismus hat seinen Zweck als Wohlstandsentwickler im Prinzip erfüllt und eine neue ökologisch-ökonomische Lebensform könnte, idealistisch gedacht, an seine Stelle treten. Man lebt heute wieder mehr in einer eher kreislaufmäßigen Zeitstruktur, in der die Zeit als Problem der Politik und der Kultur nicht mehr „nach vorn“ ausgerichtet ist, sondern unsere Gesellschaft hat sich in einem fortwährend kreisenden Posthistoiregefühl eingenistet. Die Historie ist vorbei oder macht eine Pause, aber nicht nur im ideologischen Sinne, sondern bezogen auf die gesamte Geschichte kann man eventuell festhalten, dass das, was wir als die Geschichte der Industrialisierung erlebt haben und zur Entfaltung des Kapitalismus und Moderne beitrug, *ist* und *war* möglicherweise vorläufig die Geschichte schon. Veränderungen gibt es nur noch auf dem technischen Sektor. *Die* Geschichte geht zu Ende und wir kehren wieder in eine geschichtslose, vormoderne Zeit ein, die eher zyklisch geprägt war. Eine *neue* Zeitrechnung würde zum Beispiel ein alternatives Wirtschaftssystem außerhalb des Kapitalismus, ein Weltkrieg oder große Umweltkatastrophen heraufbeschwören. Und solange das nicht der Fall ist, ist die Geschichte mit Lyotard „zu Ende erzählt", auch wenn es zu Atavismen der Moderne kommt, wie der russische Angriffskrieg zeigt. Die Geschichte heute, die wie ein Achterbahnwagen die „Achterbahnfahrt" der Geschichte des 20. Jahrhunderts (Ian Kershaw) hinter sich hat und sich in einer Zwischenzeit befindet, steuert wieder auf turbulente bzw. überhaupt wieder auf historische Zeiten zu. Das historisch Neue könnte aber auch das Eintreten in ein technisches Zeitalter ungeahnter Dimensionen sein.

Wir befinden uns eher im Zustand eines Abstiegs- und Zerfallsprozesses des kapitalistischen Systems mit all seinen Schwächen, die am Ende seines Zeitalters auftauchen. Deswegen ist es hier terminologisch richtig, von einer Spätmoderne zu sprechen.

Das Wirtschaftssystem des Kapitalismus als Einflussfaktor der Ökonomie (g) ist aber nach wie vor relevant. Wir alle scheinen am Tropf des Wirtschaftswachstums zu hängen. Das Wohl und Wehe unserer Nation, ja der Welt scheint davon abzuhängen, unser Wohlstand und mithin unsere ethischen Reserven. Ökologie ist immer noch Zukunftsmusik. Manch einer erlebt, wenn er in sein Elektroauto einsteigt, einen Hauch von Zukünftigkeit als realgelebter Utopie (I 46). Deutschland und überhaupt Mitteleuropa sind nach wie vor einem Wachstumsgedanken anhängig. Es gibt aber noch andere Faktoren, die es zu berücksichtigen gilt, wie es in Ländern wie Island, Schottland, Wales, Finnland geschehen ist, die die Wellbeeing Economy nach der Weltwirtschaftskrise 2008 ins Leben gerufen haben. Wir sind aber weit von einer ökologischen Nachhaltigkeit oder gar Klimaneutralität entfernt. Es ist eben die Frage, ob sich Ökonomie und Ökologie ausschließen oder ob eine wachstumsbasierte ökologische Nachhaltigkeit überhaupt umsetzbar ist. Es herrscht heute in der sogenannten westlichen Welt kaum Nahrungsmittelknappheit. Die Inflation, die u. a. durch Putins Krieg ausgelöst wurde, hat aber die Schwächen unseres Sozialsystems offengelegt, dessen Funktion auf karitativ geleisteter Lebensmitteltafeln basiert und ein Problembewusstsein dafür geweckt haben sollte, dass Nahrung, Kleidung und ein Dach über dem Kopf zu haben auch im 21. Jahrhundert im sogenannten Westen keine Selbstverständlichkeiten sind.

Personen nun, um auf die letzte Kategorie (i) einzugehen, die quasi „Geschichte machen“ (Nipperdey) sind heute nur noch partiell dazu befähigt und nur im Fall von Autokraten wie Putin, Lukaschenko oder Assad noch imstande Kriege anzuzetteln. Rechtspopulisten an der Macht (Trump, Erdoğan oder Bolsonaro) haben einen Krieg zum Glück aufgrund bestehender demokratischer Strukturen vorwiegend bisher „nur“ innenpolitisch oder primär wirtschaftspolitisch betrieben. Das geschichtsmächtige Individuum hat aber heute ausgedient, wenngleich der Ruf nach dem starken Mann ein hartnäckig und zirkulär auftretender Topos v. a. D. rechter Ideologie ist, der in Deutschland schon einmal auf ein ganzes Volk übergesprungen ist. Das scheint eine wichtige Differenz von 1933 zu heute zu sein sowie das Ausmaß der Krise der Ökonomie.

4.4.2 Ein Versuch der Gegenwartsdeutung

Wie hängen diese geschichtlichen Parameter nun zusammen? Wir versuchen nun eine Analyse bis Ende 2023/Mitte 2024. Es gilt nun die Geschichtsmetapher der Windmühle sowie die des

Plateaus anzuwenden. Den Zusammenhang von Ideologie und Kultur haben wir bereits erwähnt. Wir leben in einer postideologischen Zeit und entsprechend fallen Jugendkulturen nahezu weg, die sich an der Popkultur orientiert haben, die wiederum an einer Idee des sich wandelnden Zeitgeistes ausgerichtet war. Übrig bleibt ein geschichtsloses sonnenbeschienenes Plateau, gewissermaßen ohne Geländer und Leitplanken, da es nur noch metrisch (und tagespolitisch) weiterläuft, obwohl es auf den Sektoren Ereignis, Ideologie und Kultur (und des historischen Individuums) nicht mehr weiter voranschreitet und der „Krieg als Mittel der Politik" (Clausewitz) sich innerhalb der EU seit dem 2. Weltkrieg tendenziell verabschiedet zu haben scheint. Dass es keinen Halt mehr gibt, quasi keine Geländer oder Leitplanken oder, um im Bild zu bleiben, keine Fangnetze an der Skipiste auf dem Plateau mehr gibt, kann man u. a. als Wegfall von Resonanz, Geselligkeit und von erotischen Abenteuern begreifen. In Bezug auf das Bild der Windmühle, kann man den heutigen kreisenden Stillstand bemühen, der sich zugleich als beschleunigt erweist.

Die Zeit vergeht zwar, was man daran merkt, dass die Jahre metrisch hintereinanderweg weiter verrinnen. Es tritt aber nichts Neues hinzu und rückblickend wird die Zeit sowohl als inhaltsarm (Ereignis, Ideologie, Kultur, historisches Individuum betreffend) als auch als rasch vergehend (viele sagen rückblickend, dass die Nullerjahre schnell vergangen sind) empfunden. Sie waren erfahrungsarm und ereignisreich und flüchtig. Nur noch die „ewige Wiederkunft", von der Nietzsche schrieb, ist auch heute noch zu verzeichnen, also Jahres-, Monats-, Tages-, Stunden-, Minutenzyklen. Es passiert nichts, aber die Zeit vergeht, und zwar in einem beschleunigten Bewusstsein. Wir erleben also „gefühlt" das „Ende der Geschichte" nach Francis Fukuyama, trotz insinuierter „Zeitenwende" und zahlreicher kontemporärer Krisen, während die Zeit und das Leben (und die Tagespolitik) weitergehen. Eine sich chamäleonartig in Dekaden an den jeweiligen Zeitgeist (der 50er-, 60er-, 70er-Jahre etc.) anpassende und wandelnde Geschichte ist nicht mehr gegeben. Auch, was an Popmusik über die Bildschirme bei MTV und anderen Musiksendern flimmert, ist ein schlechtes Revival aus diesem Zeitraum und entweder eklektisch aus dem Bereich Hip-Hop oder überwiegend aus der Sparte Housemusic und R'n'B entnommen, ist also eher ein Aufguss von Black Music, aber keine Popmusik mehr im Sinne von Engagement und Protest oder auch Mode, die das Schibboleth der Neuheit und Individualität zu Recht tragen würde.

Dabei wird in Mode und Musik das wiederholt, was noch vor der heutigen „ewigen Gegenwärtigkeit" authentisch Geschichte war. Das „Ende der Geschichte" (Ideologie, Kultur, Ereignis) sowie das lähmende Gefühl eines Posthistoire, ist nach wie vor mental wie faktisch vorherrschend. Ein dritter Weltkrieg wäre eine etwaige Zäsur oder die Einführung einer kapitalistischen Alternative aufgrund eines ökologischen Katastrophengeschehens.

Auch die Langeweile ist nach Heidegger ein Grundparameter („Existenzial") unserer Gegenwart. Da diese zivilisatorisch fortgeschritten ist, ist sie weniger existenziell bedrohlich, auch wenn sich dieser Parameter seit Corona, Ukrainekrieg und zunehmender sichtbarer Klimafolgen ein wenig verschoben hat. Die Zeit erweist sich als ereignisärmer und mithin langweiliger (auch ohne Ideologie und Populär-„Kultur"). Sie zeigt sich aber auch als beschleunigt und flüchtig. Die Zeit ist es also, die in sich immer schneller kreisend stillsteht wie die Windmühle bei starkem Wind oder aber auch eine Kutsche, bei der bei einem bestimmten Tempo die Räder scheinbar aufhören, sich zu drehen. Immer noch leben wir ein Leben, das sich zwar als vulnerabel, aber immer noch als komfortabel erweist. Man kann sich auch an die Bedrohungslage, in der Nähe eines Vulkans zu leben, gewöhnen, denn unsere Lebensweise hat sich trotz Krisenmodus nicht grundlegend geändert. Nur der Anstieg der Fallzahlen an psychischen Krankheiten wirft seine Schatten voraus.

4.5 Zeit und Psyche

Das oben skizzierte Zeitempfinden schlägt sich nun also negativ auf die Psyche nieder. Der zeitliche Halt („Leitplanke") geht verloren und man scheint in einer immer engeren Routineschleife (zyklisches Zeitbewusstsein) gefangen zu sein, was auch durch eine ausschließliche Erfahrung des Nur-funktionieren-Müssens geprägt ist, und die Zeit wird, nochmals, als inhaltsärmer und schneller vergehend erlebt. Aufs Brutalste werden wir zudem derzeitig mit Veränderungen konfrontiert, die den historischen Stillstand, in dem man sich eingerichtet hat, als Kontinuität der Geschichte zu sprengen scheinen. Hinzu kommt ein Aus-den-Fugen-Geratensein der Jahreszeiten, wie er durch einen aller Wahrscheinlichkeit nach menschengemachten Klimawandel endemisch wird. Es gibt kaum noch jahreszeitliche Übergänge und die Winter sind nicht mehr kalt, die Sommer zu regnerisch oder zu warm etc. Auch hier findet der Mensch keinen Halt mehr. Alles gerät vielmehr ins Schwimmen, was schon Zygmunt Bauman festgestellt hat, der bereits in den frühen 2000ern von einer „flüssigen Moderne" geschrieben hatte, wobei wir uns nicht in der Postmoderne, sondern in der Spätmoderne befinden, die unser seelisches Heil bedroht. Wir befinden uns in einem Interregnum, in dem Altes zu Ende geht und Neues noch nicht klar sichtbar ist. Die Geschichte beginnt ganz langsam wieder, rollt auf der Ebene der Politik erneut an. Vorerst leben wir zyklisch und ahistorisch weiter, bevor wir wie ein Achterbahnwagen nach der ersten turbulenten Fahrt, langsam wohl der nächsten turbulent-aufregenden Achterbahnfahrt entgegenrollen. Der Neubeginn könnte auch ein utopisch-technisches Zeitalter sein, das weniger von Turbulenzen, als von einem stetigen Wachstum der Zivilisation geprägt sein kann. Hier passt wiederum das Bild des Plateaus und es zeichnet sich hier mehr so etwas wie Langeweile und ein Sinnschwund als Erschöpfungsgrund ab.

Die Relevanz von einem zyklischen Zeitempfinden, das mit dem linear-gleichförmigen Beweggrund der Zeit kollidiert, hat bereits Thomas Fuchs in einem Aufsatz zum Thema Überforderung und Depression herausgearbeitet. Depressionen entstünden aufgrund eines konflikthaften Aufeinandertreffens dieser beiden zeitlichen Entitäten einer quasi autochthonen zyklischen und einer linear-kapitalistischen Zeit. Hiermit hat er richtigerweise die Zeit als pathologischen Einflussfaktor erkannt. In meiner Gegenwartsdeutung (bis Anfang/Mitte 2024) ist das zyklische Zeitverständnis ein Getöse, das vom Jahrmarktrummel herrührt. Der Achterbahnwagen steht entweder noch still oder fährt langsam wieder los, während um ihn herum das Jahrmarktgeschehen kreisend tost.

Ein Desiderat und Eskapismus aus diesem Zeitregime und das soll ein abschließender Gedanke sein, ist der „Flow" (Mihály Csíkszentmihályi), in dem wir uns im Modus des Zuhandenen am liebsten aufhalten, um uns von einer Wahrnehmung einer Dauerkrisis sowie von einem pathologischen Zeitempfinden und einem Dispositiv der sexuellen Vermeidung vorübergehend zu entlasten. Hier spielt digitale Technik kompensativ eine herausragende Rolle.

5 Soziale Differenzierung als Grund von Depression und Erschöpfung

Frühere Gesellschaften waren u. a. segmentär oder stratifikatorisch, also gleichrangig oder hierarchisch differenziert, wenngleich auch in heutigen Gesellschaften diese Differenzierungstypen noch auszumachen sind. Die Beliebtheit von Königshäusern zum Beispiel als stratifikatorische Organisation und als quasi zu uns gehörige Familie weisen darauf hin.

Ihrer Funktion entsprechend teilt Niklas Luhmann die Gesellschaft in Systeme und Teilsysteme ein. Daran wollen wir Luhmann konkretisierend anknüpfen. Ein sozialer Akt (der nach Luhmann kommunikativ entsteht) kann somit von diversen Systemen oder Teilsystemrationalitäten bestimmt sein. Sport, Recht, Wirtschaft, Kunst, Intimbeziehungen etc. werden für das Individuum relevant, das sich dann nach dem jeweils vorherrschenden Systemimperativ (binärer Code wie Recht/Unrecht im Rechtssystem, Zahlen/Nichtzahlen im Wirtschaftssystem, wahr/falsch im Wissenschaftssystem etc.) richtet und momentan jeweils einem System „angehört“, indem es Gebrauch von dem jeweils herrschenden Code der jeweiligen Systeme und Teilsysteme macht (Kommunikation). Ein Gedanke, den man an Luhmanns Sozialtheorie konkretisierend anknüpfen könnte, ist der, dass, wenn man sich beruflich oder freizeitmäßig häufig in einem System „aufhält“ und dieses „vertritt“, wenn man also zum Beispiel in einem Wirtschaftsbetrieb arbeitet, als Anwalt reüssiert oder als Künstler tätig ist, man quasi blind wird für andere Systemimperative (z. B. für den Code von Intimbeziehungen) und deren Kommunikation. Man ignoriert, kennt nicht oder kennt nur bruchstückhaft Aufgabenbereiche der anderen Systeme wie für den Bankier und/oder Börsenmakler, das der Kunst und umgekehrt, wobei der Geldmensch seine Ahnungslosigkeit durch Kunstsammlungen eher kaschiert, als ausdrückt. Innerhalb der Differenzierung in Systeme und Teilsysteme verliert man so außerdem den Zusammenhang fürs Große und Ganze, was mit einem Schwund des Universalwissens einhergeht (weswegen sich Wissensquizsendungen einer anhaltenden Beliebtheit erfreuen). Die Gemeinsamkeiten der Individuen schwinden je komplexer die Differenzierungsgrade der Gesellschaft ausfallen, sodass der Mensch sich daran gewöhnt hat, den anderen nur noch als Segment („Ornament“) einer anonym bleibenden „Masse“ (Siegfried Kracauer) wahrzunehmen, wenn wir z. B. in die Innenstädte strömen und in den Fußgängerzonen herumstreichen. Der andere ist eine „soziale Kulisse“ (Gerhard Schulze) und bleibt uns zumeist fremd und man verbleibt in einem friedlich-schiedlichen Nolimetangere. Die Perspektive ist also möglicherweise weniger die eines Systems mit nach Luhmann „gleichberechtigten“ Systemen, als die einer „Arbeitsteilung.“ (Émile Durkheim). Man übernimmt eine spezialisierte Aufgabe innerhalb eines Sektors und verliert so den Bezug zum anderen, der eventuell in der gleichen Fabrik arbeiten mag, aber einer vollkommen anderen Tätigkeit nachgeht. Es kommt zwar zu „strukturellen Kopplungen“ der Systeme, die aber zumeist nur sehr oberflächlich ausfallen, also aus dem Austausch von „Rezeptwissen“ bestehen. Verbindendes findet man so kaum, und es fußt auf der Gemeinsamkeit des Erlebten, das heute immer unwahrscheinlicher wird. Die Sozialintegration fehlt also und bildet den Malus oder die negative Konsequenz der Differenzierung (= Distanz), die zynisch gesprochen auch der Rationalisierung von Arbeit in einer Industriegesellschaft zugutekommt. Die unsichtbare Mauer, die zwischen den sich heute fremd bleibenden Individuen herrscht, hat also etwas mit sozialer Differenzierung und gesellschaftlicher Fragmentierung zu tun. Da die Menschen nicht mehr viel gemeinsam haben, halten sie eine weitverzweigte Arbeitsteilung aus et vice versa.

Der Mensch verliert in seiner spezialisierten Anpassung an Systemimperative den „Anderen" (Levinas) aus den Augen. Deshalb ist der einsame Mensch auch sich selbst überlassen, da er möglicherweise einem fremden Systemimperativ unterworfen ist, der inkompatibel zu seinem ist oder der Zustand der Einsamkeit bildet selbst wiederum ein System, das ganz anderen Gesetzmäßigkeiten und Regeln unterworfen ist als andere soziale Systeme.

Auch die Einsamkeit ist also ein System, das mit Systemen wie Wirtschaft, Familie, Freizeit inkompatibel ist und wie erwähnt, nur hin und wieder „strukturelle Kopplungen" erfährt wie an Weihnachten, an dem der einsame Mensch mit Sinn bedacht wird, da hier das System der Wirtschaft und seinem Code zahlen/nicht zahlen vorübergehend durch den religiösen Code sakral/profan, der wiederum von einem ethischen Code helfen/nichthelfen überwölbt wird, ersetzt wird. Nur an Weihnachten werden alle Systemzwänge und Eingeschränktheiten durchbrochen. Die Spezialisierung des Menschen macht ihn nicht nur „eindimensional", sondern lässt ihn sozial „amoralisch" handeln, ohne ein schlechtes Gewissen entwickeln zu müssen, da er ja in der Regel durch diverse Systemimperative gebunden ist.

Ein anderer Grund für das Alleingelassenwerden sind die schwindenden Kohäsionskräfte in der Gesellschaft sowie dass „in der verwalteten Welt" alles sein Bewenden und Versorgtsein hat, sodass es hier der Sozialstaat ist, der hierfür „zuständig" ist und nicht ich selbst. Es ist so wie mit dem Tod, wie er in „Sein und Zeit" verhandelt wird: immer ein anderer, nur nicht ich selbst. Mit Heidegger gesprochen kann ich mich hinter dem „Man" verstecken, um dem „Ruf des Gewissens", der mich aus meiner „Verlorenheit des Man" herausholen möchte, zu widerstehen. Freilich, auch ein Individualegoismus, nachdem man sich zunächst um sein eigenes täglich Brot strecken muss, lässt auch den Einsamen weiter vereinsamen, der ja schließlich, so die verbreitete Meinung im Zeitalter der Individualisierung, selbst die Verantwortung für sein Leben trägt.

6 Technik als Ursache der seelischen Erschöpfung

Seit um 18. Jahrhundert kann von einer ersten, sich langsam anbahnenden wie ein Gewitter heraufziehenden industriellen Revolution die Rede sein, deren Verlauf im pragmatischliberalen Großbritannien als Wegweiser Gestalt annahm, während in Mitteleuropa das Gewitter von Intellektuellen der literarischen Romantik zunächst mehr als atmosphärische Störung wahrgenommen wurde. Der Mensch würde seiner Autonomie und Fantasie beraubt, da er im Frühkapitalismus in den prototypischen Fabriken und im Verlagswesen immer mehr wie eine heteronome Sache behandelt würde, die von der technischen Maschine dominiert ist. Er würde so an der Entfaltung seiner Fähigkeiten und seines Handlungspotenzials gehindert. Das ahnten die Romantiker und setzten dem sich zusammenbrauenden Maschinendasein ein Leben als Künstler und Fantasiebegabte entgegen. Sie prophezeiten unkend einen Massenmenschen, dessen Unfreiheit nur Geistlosigkeit reproduzieren würde. Gegen die sich vor ihren Augen entzaubernde „anomische" Welt wollten sie durch Poesie eine „Wieder-Verzauberung" erreichen (Rüdiger Safranski). Der eigentliche „Feind" war nicht so sehr die Epoche der Klassik, wie in der Germanistik häufig kolportiert wird, sondern die Epoche der Technik in dem Sinne, wie sie von Martin Heidegger im 20. Jahrhundert als „das Gestell" und als „Seinsvergessenheit" angemahnt wurde.

Dieser „Seinsverlust" (Rüdiger Safranski) ist wiederum nach Heidegger „Thema" bei Hölderlin, der in seinen Dichtungen oftmals vom Verlust des Göttlichen im Sinne der griechischen Mythologie schrieb. Der Grieche steht dabei für den edlen, vormodernen Menschen, dessen Leben sonnenbeschienen ist und der eine Affinität zur Poesie besitzt, die dem heutigen Menschen „in dürftiger Zeit" (Hölderlin) abgeht.

Die „Seinsvergessenheit" ist eine These, die man mittelbar aus „Sein und Zeit" ableiten kann. Hier wird hauptsächlich das strukturell thematisiert, was zum Verlust des „Seins" führt und es soll hier aufgezeigt werden, worin es fundamentalontologisch besteht und somit nach Heidegger eine Renaissance der philosophischen Problematik des Seins nach sich ziehen sollte. Heidegger „überspringt" aber selbst die Seinsebene, auf die er abzielt, wenn er das Sein als „Dasein", also das ganze „Sein" als handwerklich-teleologisch begreift. Im Verlauf des Textes wird das „Sein" schließlich also als „Dasein" bestimmt. Es wird der „psychologische“ Prozess der „Verfallenheit“ expliziert, also das Eingenommensein von etwas, das dem „Sein“ widerspricht, wie von dem „Man“ (und hier z. B. dem öffentlichen „Ausgelegtsein“ und dem „Verlorensein“ darin) oder das „Zerstreutsein“ „in-der-Welt“, was Heidegger als „Verfallen“ bezeichnete. Es erwächst im „Sein zum Tode“ demnach das Bedürfnis, sich von der sogenannten „Uneigentlichkeit“ (= Seinsverlust) zu befreien. Hier ist die Stelle, an der man an das Technikdenken Heideggers anschließen kann.

Die Technik führt zu einem „Seinsverlust“, indem sie das „Dasein zerstreut“, also von einem Denken wegführt (wobei „Zerstreutsein“ nicht in dem Begriff oder Phänomen der Langeweile aufgeht). „An-wesende“ Technik führt dazu, dass das Innenbewusstsein in seinem Strömen gehindert wird. „In-die-Welt geworfen“ und ohne Anreize verkümmert das intellektuelle „Sein“, das bei Heidegger in „Sein und Zeit“ freilich gar nicht so, sondern nur ex negativo, und zwar antithetisch zur Uneigentlichkeit vorkommt, also Eigentlichkeit vorrangig ein Nichtsein ist, also nicht positiv bestimmt wird. Technik kann somit einen annihilierenden Effekt haben, indem ein „existenziales“ Denken oder ein abstraktes „Sein“ nicht mehr stattfinden kann. Den Gegenständen selbst haftet dann ein Dingcharakter an. Das Ding ist dann nach Heidegger ein „Ge-Stell“, das nicht leibverbunden ist und an autochthoner Aura („Sein“) ermangelt, was Heidegger quasi an der entweder industriellen oder handwerklichen Beschaffenheit der Dinge auszumachen glaubte zu können. Man kann ein industriell hergestelltes „Zeug“ heute aber nicht ohne Weiteres immer von seinem handwerklich-autochthonen Pendant unterscheiden (dafür ist die Technik inzwischen zu raffiniert). Man kann nur diesen annihilierenden Effekt des Technoiden als Verschlungenwerden des Seins durch die Technik, also des „Ge-Stells", begreifen. Sinn oder „Seinsverlust" besagt also (bei Heidegger) ein negativ konnotiertes Bezogensein auf Technik, das das Denken bzw., weniger prätentiös ausgedrückt, den Denkprozess verhindert oder einengt, ihn abreißen lässt. „Zerstreutsein" kann aber auch bedeuten, dass die Reize, insbesondere die technikbedingten, aber auch die durch Massenerfahrung zustande kommenden im Alltag zunehmen. Diese Reizüberflutung wird oft nur unterschwellig bemerkt, sie überfordert die Menschen aber dennoch, besonders in den Großstädten. Die Schockmomente nehmen nach Walter Benjamin zu und die Fähigkeit, sie zu verarbeiten, nimmt ab oder bleibt gleich, woraus sich eine Zunahme an Reizüberflutung ergibt. Technik- und Massenerfahrungen machen den Menschen entweder krank oder indolent.

7 Digitalisierung

Wie durch eine Muräne ist die Welt zunächst langsam mit der Digitalisierung ins Rutschen geraten. Sanft wurden wir mit ersten Homecomputern und Spielkonsolen durch die 80er-Jahre getragen, die allesamt hauptsächlich dem Computerspielen dienten. Die digitalen und futuristischen Versprechen des Digitalen waren etwa bis ca. ins Jahr 2000 aber eher Sachen von Nerds und Experten. Man selbst bediente fast ausschließlich das „Word"- und „Excel"-Programm von Microsoft. Das Internet wurde vor dem Jahr 2000 überwiegend zur fernschriftlichen Kommunikation und zum Informationsaustausch genutzt. Am Ende der 90er-Jahre hatte noch nicht längst jeder einen

Internetzugang oder gar eine Internetadresse. Ab ca. dem Jahr 2000 musste man sich beeilen, um auf den nun immer schnelleren Zug der Digitalisierung aufzuspringen und ihn nicht zu verpassen. Ich schaffte diesen Sprung erst ab 2003, als ich begann, mein Studium zu beenden. Internet-Recherche und das Einkaufen im Internet wurden immer beliebter. Das Leitmedium blieb aber zunächst das Fernsehen. 2005 war das Geburtsjahr von YouTube; 2007 wurde das iPhone auf den Markt gebracht und unser Verhalten begann sich entsprechend den jungfräulichen Freiheiten und Möglichkeiten der Smartphones neu zu konfigurieren. Der gebeugte Gang wurde zur äußerlich sichtbaren Imprägnierung des digitalen Zeitalters. Vor lauter Kommunikation und App-Anwendungen wurde die Welt und somit die Zeit vergessen. Im Nahbereich war man sich fremd, während der Fernbereich näher rückte. Tinder und WhatsApp veränderten das Flirt- und Sozialverhalten, das nochmals hin zur Distanz gesteigert wurde, aber auch ansatzweise zur Überwindung der Distanz ungeahnte Gegenmaßnahmen aufbot. Immerzu hatte und hat man einen smarten Alltagsbegleiter und zahlreiche Anwendungsmöglichkeiten „zur Hand", die insbesondere in Leerlaufphasen zur Zerstreuung genutzt wurden und werden. Man kann außerdem mit dem „Allwissenden Buch" (von Dagoberts Neffen Tick, Trick und Track), also Handy, auch noch telefonieren. Es gibt seitdem kaum ein Alltagsproblem, das nicht durch Smartphoneapps eine Lösung oder Erleichterung erfahren hätte. Diese Hochphase der Digitalisierung wurde von einer Corona-Welle eingeholt, sodass ungeachtet einer gesteigerten Anwendungspraxis und von IT-Wissen das Cool-Digitale von einem neuen „Sein zum Tode" (Heidegger) einer stetigen Bedrohungslage durch die Pandemie abgelöst wurde. „Das Rettende" war „in der Gefahr", mit Hölderlin wiederum die Technik, als Internet und mRNA-Impfstoff. Digitalisierung ist heute mehr als ein Mittel zum Zweck geworden. Ein neues Technikverständnis, das wieder mehr das nüchterne Zweckmittelverhältnis in den Vordergrund stellt, sollte uns aber zu mehr „Gelassenheit" im Sinne Heideggers verhelfen, nach der man sich die Technik dienstbar machen und ansonsten sie aber weitgehend ausklammern sollte (was bei ihrer Störanfälligkeit zugegebenermaßen kein leichtes Unterfangen ist). Die Coronakrise wurde allerdings nicht allein durch Technik (Impfstoff, Homeoffice), sondern durch ein weiteres Übel, den Ukrainekrieg, und anschließend durch den Krieg im Nahen Osten aus der öffentlichen Wahrnehmung verbannt. Und so wuchsen wie der Hydra aus der griechischen Mythologie zwei Köpfe nach, wenn man einen Kopf abgeschlagen hatte. Und so ist das Lebensgefühl krisenhaft und nicht mehr so kokonmäßig wie noch zu Zeiten Angela Merkels. Auch das wirkt sich negativ auf die Psyche aus. Zu den negativen Auswirkungen der Digitalisierung auf die Psyche, siehe Teil I und II.

8 Reizüberflutung

Dass wir heute in einer enervierenden Um-Welt leben, das kann man zweifelsohne für die heutige Zeit konstatieren. Mit zunehmender Reizintensität im Zuge der industriellen Revolutionen wurde der Mensch immer indolenter, je mehr sich seine Lebenswelt in eine technikbetonte und -bedingte Umwelt verwandelte. Die (noch) nicht Abgestumpften hatten und haben, so wie auf dem weltberühmten Gemälde „Der Schrei" dargestellt, das Nachsehen. Für sie wird jede Überquerung einer viel-befahrenen Stadtstraße zu einem auditiven Abenteuer und irritierenden Spießrutenlaufen. Auch eine gewisse Informationsflut kann zu einem Zustand der Überforderung führen, dem man nur durch konsequentes Abschalten und rigorose Vermeidungsstrategien begegnen kann, wenn man so auch der „digitalen Demenz“ (Spitzer) entgehen möchte. Der Soziologe Niklas Luhmann war sich dieses Moderneproblems bewusst und reklamierte weniger, als dass er feststellte, dass wir in der modernen Lebensweise ganz unwillkürlich zum Mittel der „Reduktion von Komplexität“ greifen würden. Diese Reduktion kommt alleine schon durch Differenzierung zustande. Man verfügt, wie oben dargelegt, nur über eine „Sinnprovinz“, genauer gesagt, eine Sparte von Wissen, die ein ganzheitliches Denken quasi abschneidet, im Keim erstickt und dazu führt, dass derjenige, der das Ganze noch erfassen möchte, angesichts der Ausdifferenzierung der Gesellschaft (in soziale Systeme) nur noch bei einer Selektion nicht seinen Verstand verliert, was dann im Krankheitsfall bei einer klinischen Depression einer erzwungenen Luhmannschen „Reduktion von Komplexität“, also einer „depressiven Verblödung“ gleichkommt.

Für die Moderne hat Patrick Kury eine Wissensgeschichte „vom Stress hin zum Burn-out“ geschrieben. Die Geschichte der „Unruhe“ (Konersmann) und der „Unschärfe“ (Ullrich) sind jeweils Thema von philosophischen Essays geworden. Es hat lange gedauert, bis man so etwas wie psychischen Stress und dessen Einfluss auf die Gesundheit, erkannt hat. Die Reize haben zugenommen, aber auch der Stumpfsinn. Der Kopfhörerträger wurde zur sichtbaren Vignette unserer Zeit. Die „Generation Kopfunten“ gebar den „Smombie“. Ist der eingeschlafene Sinn, die Desensibilisierung des heutigen Großstadtmenschen nicht schon pathologisch? Auf jeden Fall ist derjenige gesundheitlich bedroht, der seine technische Umwelt (noch) in aller Überforderung wahrnimmt.

Der Mensch der Spätmoderne ist von gesellschaftlich-modernen Prozessen und Verwerfungen überfordert: Eine Geldinflation, die „Zeitenwende", nicht zu vergessen eine sich abzeichnende auf uns niedergehende, vermutlich menschengemachte Klimakatastrophe mit rechtspopulistischen Rückkopplungseffekten und Wasserknappheit sowie zu erwartenden Migrationsströmen, tragen dazu bei.

Frank Schirrmacher sprach schon 2009 in seinem Buch „Payback" von einer Datenflut, die eine Reizüberflutung beinhalten würde, die unser Hirn angeblich so umbauen würde, dass man (und hier insbesondere die Generation Y bis Z) keine anspruchsvollen Texte mehr verstehen würde, wie ich es in dem Kapitel „Brillenschlange" (I 23) angedeutet habe. Schirrmacher bezieht seine Überforderungsdiagnose aber allein auf die digitale Reizüberflutung. Reizüberflutung begegnet uns aber auch in der Lebenswelt.

9 Sinnverlust als Erschöpfungsgrund

Der Mangel an Sinn und das Erleben von Langeweile sind eine der schmerzhaftesten Erfahrungen des Menschen in der Spätmoderne. Der „Sinn vom Sein" ist nicht mehr das Überleben allein oder geht darin auf, sondern der Mensch des Westens lebt häufig auf der wohlhabenden Seite des Kapitalismus, der einen Überschuss an frei verfügbarer Zeit freisetzt, die es „totzuschlagen" gilt, wie es verräterisch im allgemeinen Sprachgebrauch heißt. Das Durchschnittsdasein mit einem Job als Angestellten mit einem auskömmlichen Gehalt hat sich von der Daseinssorge weitgehend emanzipiert. So stellt sich für uns das Problem, dass die sogenannte Freizeit auch angesichts einer allseits umgreifenden „Individualisierung" (Ullrich Beck) gestaltet werden *muss*. Zumeist ist das moderne „Dasein" dabei mit seiner Arbeit von seinem humanen Potenzial entfremdet. Es muss in der Freizeit etwas unternehmen, was dazu dient, sinnhaftes Tun (Fernsehen, Lesen, Bloggen, „Surfen") zu generieren oder aber sich in dem Maße, wie hier ein Entfremdungsüberschuss zutage tritt, mit dem Narkotikum Konsum betäuben. Je größer die Entfremdung, so könnte man es auf eine Formel bringen, desto ausgeprägter ist das Bedürfnis nach Sinn und umso weniger gelingt die Sinnschöpfung und -gestaltung. Dadurch, dass der Mensch der Spätmoderne eine Arbeit verrichtet, die ihn vereinseitigt und zum Spezialistentum verdammt, hat er nur die Wahl zwischen Betäubung und einem Sich-berieseln-Lassen von Angeboten der Kulturindustrie und einem trotzigen Sinnstreben qua Kultur (bei der das „Kunstwollen" nicht selten größer ist als das Talent). Diese Art der Kultur kann man in Abgrenzung zu dem obigen Adorno/Horkheimerschen Begriff der „Kulturindustrie" auch als „Industriekultur" oder „Narzissmuskultur" bezeichnen: Diese Art und Weise von Kultur dient, wie Adorno geringschätzig sagen würde, dem „Eskapismus" und dem falschen Sinnstreben, ist aber auf eine Art und Weise kontemplativ, sodass man der in der Freizeit bisweilen sinnlos und leer und langsam vergehenden (spürbaren) Zeit entrinnt, die aber zumeist keine hochkulturelle Beschäftigung ist, aber für das Quantum an Frei-Zeit, das einem zur Verfügung steht, ausreicht, um beschäftigt zu sein und die Zeit nicht zu spüren.

Dieses Beschäftigtsein wird nur von einem weiteren Sinnsurrogat überwölbt: vom Sport in nationaler Angelegenheit (Welt, Europameisterschaft) und privat. Also hilft hier nochmals wiederum nur „Arbeit, Sport und Spiel", um sich vor dieser zehrenden Faktizität der kapitalistischen Entfremdung zu schützen. Dann wird der Sinn kurzerhand in der Arbeit gesucht und die Freizeit, da wir hier so keinen Sinn generieren können, durch die Angebote der Kulturindustrie und der Industriekultur zugedeckt. Auch die dritte Freizeitmöglichkeit, der Erlebniskonsum, ist als dauerhafte Sinnstiftung zweifelhaft und moralisch fragwürdig, da mehr Dinge konsumiert werden „müssen" als wirklich gebraucht werden, was vielen erst in der Coronakrise aufgegangen ist und zu einer gewissen Kaufzurückhaltung, auch angesichts einer galoppierenden Inflation und einer angespannten Wirtschaftslage, geführt hat. Zusammenfassend kann man festhalten, dass dem Menschen der heutigen Zeit ein großer Freizeitgewinn zur Verfügung steht (bessere Work-Life-Balance), die er aufgrund seines zumeist hochspezialisierten Arbeitens im Kapitalismus aber nicht immer ausreichend mit Sinn zu füllen vermag, auch wenn die Arbeit als Identitätsfolie anscheinend immer unwichtiger wird. Daraus erwächst ein immer größerer Markt an Freizeitkultur wie Sport, Shopping und Urlaubsreisen, der aber den Sinn des Lebens eher verschleiert, als es dazu verhilft, diesen für sich als Individuum herauszufinden, wie es in einem deshalb immer beliebter werdenden Sabbatjahr möglicher erscheint. Ein Risikofaktor in der Spätmoderne psychisch zu erkranken ist also ein notorisch werdender Sinn- und Seinsverlust des modernen Daseins, was schon Viktor E. Frankl umgetrieben hat. Ein Indikator des Unglücklichseins ist der unfreiwillige Abstand, die fehlende Nähe zu anderen Menschen.

10 Psychische Krankheit und Arbeitswelt

Die moderne Arbeitswelt hat sich in den vergangenen Jahren drastisch verändert, sei es durch New Work, Globalisierungstendenzen, Klimakrise oder Pandemie. Dabei sind eine Vielzahl neuer Herausforderungen für die psychische Gesundheit von Arbeitnehmern (und auch wohl für die Arbeitgeberseite) entstanden. Der Anstieg und alleine schon das erreichte Level an psychischen Erkrankungen in dieser Ära ist wohl ein besorgniserregendes Faktum.

Ein Hauptgrund für den mutmaßlichen Anstieg psychischer Erkrankungen in der modernen Arbeitswelt ist der hohe Arbeitsdruck und Stress, was auch unter dem Rubrum Arbeitsverdichtung geführt wird. In der Literatur zum Thema ist auch immer wieder von einer durch Globalisierung und Technologisierung verursachte „Beschleunigung" (Rosa) die Rede, in der eine Erreichbarkeit rund um die Uhr der Fall ist, was Jürgen Habermas schon in den Achtzigerjahren auch als „Kolonisierung der Lebenswelt" durch das System Wirtschaft bezeichnet hat. Dadurch verkürzen sich die Erholungszeiten. Der Mensch von heute ist in seinem Hamsterrad gefangen, was langfristig zu weiteren Burn-out- und Angststörungen führt und führen wird.

Die moderne Arbeitswelt ist ganz im Sinne eines neoliberalen Wirtschaftsmodells zudem geprägt von prekären Arbeitsverhältnissen wie befristeten Verträgen, Teilzeitarbeit und Freelancing. Dies führt zu einer Unsicherheit bezüglich des Einkommens und der beruflichen Zukunft, was wiederum Angst und psychischen Druck erzeugt. Die Sorge um die

Existenz kann zu noch höherem Arbeitsdruck führen und somit zu psychischen Erkrankungen.

Die Grenzen zwischen Beruf und Privatleben sind durch das Internet, sprich Digitalisierung, fließend. Ein Indikator dafür ist das seit der Pandemie sehr beliebte Homeoffice. Hier neigt das ohnehin schon zurückgezogene Individuum zur Isolation und verstärkt diese. Das fehlende Miteinander mit Kollegen trägt zu einer noch größeren Vereinsamung bei.

Wie Richard Sennett in seinem soziologischen Essay „Der flexible Mensch" herausgearbeitet hat, ist die moderne Arbeitswelt von häufigen Jobwechseln und beruflicher Umorientierung geprägt. Dies kann zwar Chancen bieten wie den Aufstieg auf der Karriereleiter, aber auch mit dem Stress einer ständigen Neuanpassung und Diskontinuität und somit Entwurzelung, mit der Fluktuation von sozialen Kontakten und dem Anstieg eines zermürbenden Anpassungsdruckes einhergehen. Nichts ist mehr sicher, weder eine Familie zu gründen und zu haben, noch ist es möglich, auf dem Einmalgelernten auszuruhen, was den Arbeitnehmer psychisch belasten kann.

Die Arbeit kann auch durch einen ausbleibenden Ausgleich in familiärer, sexueller und gesundheitlicher Hinsicht beschädigend wirken und somit immer schwerer bewältigt werden.

Monotonie, Mobbing, Optimierungsdrang, Kontrolle, der Fachkräftemangel und die durch ihn verursachte Personalnot sowie ein schlechtes Arbeitsklima sind weitere Stationen auf dem Weg zum Burn-out.

11 Gefühllosigkeit und Coolness als Trigger

In der Gesellschaft des Hoch- und Spätkapitalismus machen sich Gefühle rar. Marx und Engels schrieben im Kommunistischen Manifest davon, dass die Menschen in der Moderne „ihre gegenseitigen Beziehungen mit nüchternen Augen [...] sehen.“ Die bürgerliche Gesellschaft hat demnach zu einer Trennung von Natur und Kultur geführt, wobei der Natur das Gefühl und der Kultur die Gefühllosigkeit zugeschrieben werden kann. Der Mensch ist im sachlichen Umgang mit der Maschine, sei es in der Fabrik oder im Büro, immer gefühlloser geworden, so eine These. Das hat sich auch auf das Verhältnis Mensch zu Mensch ausgewirkt. Die soziale Differenzierung hat zu immer mehr spezialisierten Rädchen im Getriebe geführt, die, wie oben dargelegt, immer weniger miteinander anfangen können, da die Schnittmengen zu anderen Menschen geringer geworden sind. Das hat zu einer Verarmung des Sozialen und zu Kontaktlosigkeit geführt, die sich als Nebeneinanderher von Individuen zum Beispiel im Fitnessstudio und urbanen Raum manifestiert. Die Moderne hat nach Adorno das „Massenindividuum“ hervorgebracht. Die Vereinsamung der Monade hat dazu beigetragen, dass es immer weniger zu Gelegenheiten kommt, sich emotional zu verhalten. Im Büro und in der Werkhalle sind Emotionen reduziert und oftmals auf formelle und teleologische Kontakte beschränkt. So hat auch die digitale Kommunikation dazu geführt, dass, indem man nur schriftlich miteinander verkehrt, Gefühle auf Abstand gehalten werden. Das hat ein Nur-noch-geistiges-Dasein heraufbeschworen und hat den Druck des Unbewussten und Emotionalen anschwellen lassen. Eines Tages bricht alsdann die Emotion durch, da man sie über den Geist immer weiter zurückdrängt, was zu einem Zerreißen der Seele führen kann, wenn sie einmal dann emotional getriggert wird. In manchen Fällen wird der auf den rationalen Geist und die Innerlichkeit und Funktionalität zurückgeworfene Mensch dann eventuell plötzlich mit dem Hochkommen von Emotionen eine depressive oder schizophrene Symptomatik der Gefühllosigkeit entwickeln und sich so nicht ganz freiwillig und implizit an seine gefühllose Umgebung anpassen. Gerade der emotionale Mensch läuft Gefahr, am technisch-emotionslosem Dasein zu zerbrechen.

Ein Euphemismus der Gefühllosigkeit ist die Coolness, die deshalb mit dem häufigen Gebrauch des Wortes „cool" korreliert, weil der Mensch der Spätmoderne ein angepasst-deemotionalisierter ist. Coolness in dieser Variante bedeutet eine positive Umwertung des deemotionalisierten Menschen. Der coole Mensch wird dafür bewundert, dass er emotionslos und kalt agiert und im Feuer der spätmodernen Hölle, die sich als Ausdruck einer zunehmenden Krisenhaftigkeit zeigt, einen kühlen Kopf bewahrt.

12 Einsamkeit

Einsamkeit macht krank sowohl somatisch als auch seelisch und erhöht somit die Mortalität. Sie ist eine Geißel unserer Zeit. Niemand ist vor ihr gefeit in einer Gesellschaft, in der die Kohäsionskräfte schwinden, die Bindung an den anderen schwächer wird. Trotz umfänglicher Vernetzung scheint sie ein Normalzustand geworden zu sein. Dass in der Romantik die Einsamkeit als etwas Positives besungen wurde, davon ist die „neue Einsamkeit“ (Diana Kinnert), die heute unfreiwillig über uns kommt, weit entfernt. Was könnten dafür die Ursachen sein?

Zunächst kann man feststellen, was wohl auch eher ein Symptom ist, dass das Trennende in der Gesellschaft von heute zugenommen hat. Extrempositionen grassieren und sorgen für eine entsprechende Polarisierung und gesellschaftliche Spaltung. Ein Beitrag mag auch die Individualisierung, deren Wurzeln Historiker in der Renaissance verorten, zu sein. Durch soziale Medien haben sich zudem die Optionalitäten und die Möglichkeiten der Identität erhöht. Man ist in ständiger Verbindung mit einer virtuellen Welt, die aber echte Kontakte nicht zu ersetzen vermag und einen kontrastiv immer wieder in die Einsamkeit zurückgleiten lässt. Man hat es mit überfordernd vielen Möglichkeiten zu tun, die bei der Jugend ein Gefühl der „lostness“ und Haltlosigkeit auslösen; insbesondere die Generation Z ist nach Diana Kinnert davon betroffen.

Einsamkeit ist auch eine Folge von Ungerechtigkeit. Wer wenig Geld hat, dem ist auch die soziale Teilhabe versperrt. Wer pekuniär schlechter gestellt ist, der kann auch weniger Orte, an denen man zumindest formal nicht allein ist, wie Kinos, Cafés, Museen oder sonstige mögliche Treffpunkte aufsuchen und ist in hohem Maße zum Alleinsein in seinen vier Wänden verdammt.

Man kann wissenschaftlich mithin drei Formen der Einsamkeit unterscheiden: 1. Die emotionale, intime Einsamkeit, bei der ein Partner fehlt, 2. die soziale Einsamkeit, in der Sozialkontakte ausbleiben und weder als Nachbarn oder Kollegen in Erscheinung treten sowie 3. die kollektive Einsamkeit, zu der es in einer mangelnden Zugehörigkeit zu einer großen Gemeinschaft kommt. Als Pathologie der Jetztzeit kann man alle drei Formen zu einer verschmelzen.

Ein Grund für die Einsamkeit und das Sich-selbst-Überlassen in der Einsamkeit mag, wie oben angemerkt, an einer sozialen Differenzierung und einer daraus resultierenden Atomisierung und Fragmentierung liegen. Jeder sorgt zunächst für sich selbst, sieht nicht über seinen Systemimperativ hinaus. Einsamkeit könnte man mit Luhmann, wie oben angedeutet, als ein System verstehen, das von anderen Sinnprovinzen abgekoppelt und verschieden ist. Sein Code könnte dann Sprechen/Nichtsprechen lauten.

Die unentwegte Konnektivität durch soziale Medien weckt zudem Erwartungen, die nicht immer erfüllt werden. Man ist virtuell mit sozialen Kontakten „beschäftigt", sodass man glaubt, immer „unter Menschen" zu sein, ohne tatsächlich in Echtzeit mit welchen etwas zu tun zu haben, was Einsamkeitsgefühle verstärken kann. Das Internet hat einen Suchtcharakter, so wie bei einer Kokainabhängigkeit fällt man nach dem Rausch, mit Sartre gesprochen, ins Nichts zurück, aus dem man sich immer wieder hinauswinden muss, wobei bei einem Übermaß an visuellen Reizen, wenn sie wegfallen, das Alleinsein zur Einsamkeit herabsinkt.

Die Pandemie wirkte sich wie ein Katalysator der Pathologien des modernen Daseins aus. Als uns der Kontakt zum anderen gleichsam teilweise untersagt wurde, wurde uns das Bedürfnis nach sozialer Nähe erst so richtig bewusst. Es entstand quasi aus der existenziellen Ausnahmesituation eine bestimmte Form der Solidarität und Netz-Togetherness, die sich mit dem Verschwinden der Bedrohungslage aber wieder auflöste.

Nicht nur ist es so, dass Einsamkeit ein Leiden der Spätmoderne ist, sie ist auch noch stigmatisiert und negativ besetzt.

Auch deshalb wird der Einsame oftmals seinem Schicksal überlassen. Der Einsame ist nicht nur allein. Er wird in seinem Alleinsein belassen und bisweilen gar bewusst ausgegrenzt.

Gemeinschaft muss nicht immer wie durch Kriegszeiten negativ stimuliert sein. Es könnten auch positive Emotionen, wie der gemeinsame Kampf gegen eine Umweltkatastrophe, die Menschen wieder zueinander bringen. Man kann auch von einer Idee elektrisiert sein, ohne Not-Gemeinschaft, wie sie in Kriegen und Katastrophen aufscheint.

Die tiefere Ursache für eine Auseinanderdrift kann also wohl in einer glücklicherweise pazifizierten Gesellschaft liegen, in der „Wille" (Schopenhauer) oder allgemein „Instinkte" (Nietzsche) getilgt sind, an deren Stelle soziale Rückzugs- und Vermeidungstendenzen getreten sind. Weniger triftig und eher anhängend ist m. A. n. in diesem Zusammenhang die Tatsache, dass die Gesellschaft anomisch auseinanderdriftet, da die sozialen Abstände zwischen Arm und Reich auseinandergehen würden sowie dass ein Auseinander nur dadurch entstünde, dass die Gesellschaft politisch polarisiert ist und ein Teil der Gesellschaft nicht mehr mit dem anderen redet, da man angeblich seine Meinung nicht (mehr) sagen darf, was so zu Isolation und Einsamkeit und Distanz führen würde. Die Ampel-Regierung hat einen reaktiven Zorn heraufbeschworen, schon u. a. durch ihre pure Anwesenheit und eine investitionsfeindliche Stimmung und ein Klima der Angst ausgelöst. Zusammenhalt hat sich im Gegeneinander der Positionen herausgebildet, wobei sich die Gruppe der Regierungskritiker aus dem politischen Diskurs ausgegrenzt fühlt. Selten standen sich Parteien und politische Konzepte zu unversöhnlich gegenüber. Der Zusammenhalt wird im Sommer 2024 und auch sonst durch Fußballpatriotismus überlagert werden. Ein Bürgerkriegsszenario und soziale Verwerfungen und Straßenschlachten dafür gibt bis dato keine Anhaltspunkte.

Technik, so haben wir in Teil I immer wieder erwähnt, hat viel mit unserer Einsamkeit und umgekehrt Einsamkeit viel mit Technik zu tun, sei es eine Onlinebestellung aufzugeben, um das Weihnachtsgefühl des Beschenktwerdens zu evozieren oder das Bedürfnis zu haben, mit einem „sprechenden" Auto zu fahren.

Die technische Nutzung überfordert uns und führt zu einer Erschöpfung der Seele.

Literaturempfehlungen

ADORNO, THEODOR W.: *Minima Moralia. Reflexionen aus dem Beschädigten Leben*, Frankfurt a. M. 1962.

ASSMANN, ALEIDA: *Ist die Zeit aus den Fugen? Aufstieg und Fall des Zeitregimes der Moderne*, München 2021.

BENJAMIN, WALTER: *Charles Baudelaire. Ein Lyriker im Zeitalter des Hochkapitalismus, 2 Fragmente*, Frankfurt a. M. 1969.

BENJAMIN, WALTER: *Das Kunstwerk im Zeitalter seiner technischen Reproduzierbarkeit*, Frankfurt a. M. 1969.

BERGER, PETER/LUCKMANN, THOMAS: *Die Gesellschaftliche Konstruktion der Wirklichkeit. Eine Theorie der Wissenssoziologie, 25. Aufl.*, Frankfurt 2013.

BERGSON, HENRI: *Zeit und Freiheit*, Hamburg 2012.

BOHRER, KARL-HEINZ: *Absolutes Präsens. Die Semantik ästhetischer Zeit*, Frankfurt a. M. 1994.

BOSTROM, NICK: *Superintelligenz. Szenerien einer kommenden Revolution*, Berlin 2020.

BYUNG-CHUL, HAN: *Agonie des Eros*, Berlin 2012.

BYUNG-CHUL, HAN: *Müdigkeitsgesellschaft*, Berlin 2010.

CASTELLS, MANUEL: *Der Aufstieg der Netzwerkgesellschaft: Das Informationszeitalter, Wirtschaft, Gesellschaft, Kultur, Band 1*, Opladen 2001.

DOBELLI, ROLF: *Die Kunst des digitalen Lebens, wie Sie auf News verzichten und die Informationsflut meistern*, München 2019.

DUNKHASE, HELMUT: *Plädoyer für Planwirtschaft. Vom Umgang mit Widersprüchen in DDR, Sowjetunion und VR China*, Köln 2022

EHRENBERG, ALAIN: *Das erschöpfte Selbst. Depression und Gesellschaft in der Gegenwart, 2. Aufl.*, Frankfurt a. M. 2015.

FOUCAULT, MICHEL: *Die Macht der Psychiatrie*, Berlin 2015.

Frankl, Viktor E.: *Über den Sinn des Lebens*, Weinheim 2021

Fuchs, Thomas/Iwer, Lukas/Micali, Stefano (Hg.): *Das überforderte Subjekt. Zeitdiagnosen einer beschleunigten Gesellschaft*, Berlin 2018.

Fukuyama, Francis: *Das Ende der Geschichte. Wo stehen wir?*, München 1992.

Girgerenzer, Gerd: *Klick. Wie wir in einer digitalen Welt die Kontrolle behalten und die richtigen Entscheidungen treffen*, München 2022.

Gross, Peter: *Die Mulioptionsgesellschaft*, 1. Aufl., Frankfurt a. M. 1994.

Gumbrecht, Hans Ulrich: *Unsere breite Gegenwart*, Berlin 2015.

Hanselle, Ralf: *Homo digitalis. Obdachlos im Cyberspace*, Springe 2023.

Heidegger, Martin: *Sein und Zeit*, Tübingen 2006.

Heidegger, Martin: *Grundbegriffe der Metaphysik. Welt – Endlichkeit – Einsamkeit. Gesamtausgabe Band 29/30. Freiburger Vorlesungen*, Frankfurt a. M. 2004.

Heidegger, Martin: *Gesamtausgabe 3. Abt., Band 79, Bremer und Freiburger Vorträge*, Frankfurt a. M. 2005.

Heidegger, Martin: *Gelassenheit*, Pfullingen 1985.

Hepp, Johannes: *Die Psyche des Homo Digitalis. 21 Neurosen, die uns im 21. Jahrhundert herausfordern*, München 2022.

Illouz, Eva: *Warum Liebe weh tut*, Berlin 2012.

Ingenkamp, Konstatin: *Depression und Gesellschaft, Zur Erfindung einer Volkskrankheit*, Bielefeld 2012.

Koselleck, Reinhart: *Vergangene Zukunft. Zur Semantik Geschichtlicher Zeiten*, Frankfurt a. M. 1988.

Kury, Patrick: *Der überforderte Mensch. Eine Wissensgeschichte vom Stress zum Burnout*, Frankfurt a. M. 2012.

Marcuse, Herbert: *Der eindimensionale Mensch. Studien Zur Ideologie der fortgeschrittenen Industriegesellschaft, 7./8. Aufl.*, Neuwied/Berlin 1969.

Matynkewicz, Wolfgang: *Das Zeitalter der Erschöpfung. Die Überforderung des Menschen durch die Moderne*, Berlin 2013.

Nordmann, Alfred: *Technikphilosophie*, Hamburg 2016.

Rosa, Hartmut: *Beschleunigung, Die Veränderung der Zeitstruktur in der Moderne*, Frankfurt a. M. 2005.

Rosa, Hartmut: *Resonanz. Eine Soziologie der Weltbeziehungen*, Berlin 2016.

Sandleben, Guenther: *Gesellschaft ohne Geld. Arbeitszeitrechnung als Alternative*, Köln 2022.

Schaik, van Carel/Michel, Kai: *Mensch sein. Von der Evolution für die Zukunft lernen*, Hamburg 2023.

Selwyn, Neil: *What ist Digital Sociology*, Cambridge/Medfort 2019.

Sennett, Richard: *Der flexible Mensch. Die Kultur des neuen Kapitalismus*, Berlin 2000.

Seesslen, Georg: *Chatbots, KI-Bildgeneratoren und Co. Wie Künstliche Intelligenz Alltag, Kultur und Gesellschaft verändert*, Berlin 2024.

Spitzer, Manfred: *Digitale Demenz. Wie wir uns und unsere Kinder um den Verstand bringen*, München 2012.

Turkle, Sherry: *Verloren unter 100 Freuden. Wie wir in der digitalisierten Welt seelisch verkümmern*, München 2012.